KB141918

세컨드 브레인 부스트

티아고 포르테 지음

이희령 옮김

저장하는 뇌에서 생산하는 뇌로,
생산성과 창의력을 극대화하라

# SECOND BRAIN
# 세컨드 브레인
# BOOST 부스트

 쌤앤파커스

넘치는 인내심과 배려로
나에게 정리의 비밀을 풀 수 있는
열쇠를 선물해준 어머니에게

# 정보의 목적은 저장이 아닌 실행이다

이 책은 오직 한 가지 일을 위해 시작되었다. 목표를 달성하기 위한 행동을 취하도록 당신을 독려하고 응원하고 이끄는 일이다. 이 책을 읽으면서 흥미롭거나 놀랍거나 유익하다고 느껴지는 부분이 있다면 어느 곳에든 하이라이트 표시를 하라. 밑줄을 그어도 좋고 형광펜으로 칠해도 좋다. 그렇게 표시한 것이 당신의 새로운 정보 관리 시스템에 추가할 첫 번째 항목이 될 수도 있다!

수많은 정보가 실시간으로 쏟아지는 오늘날 우리에게는 효율적이고 생산적인 정보 관리 시스템이 필요하다. 나 역시 오랫동안 정보를 제대로 활용할 수 있는 방법에 대해 고민했다. 그러던 중 나는 가장 핵심적이고 중요한 사실을 깨달았다. 우리가 정보를 모으고 보관하는 이유는 잘 쌓아두기 위해서가 아니라는 것이다. 우리가 정보를 얻는 이유는 이를 유용하게 사용하기 위해서다. 즉, '생산'을 위한 것이다. 따라서 정보를 가치 있는 지식으로 만들기 위해서는 목적에 따라, 더 구체적으로는 **실행 가능성**에 따라서 정리해야 한다. 콘텐츠의 '용도'를 구분하여 관리하는 것이다. 이때 유용하게 사용할 수 있는 것이 바로 이 책에서 소개할 PARA 시스템이다.

PARA 시스템은 내가 전작 《세컨드 브레인》을 통해 소개한 디지털 기반의 통합형 개인 지식 관리 시스템인 '세컨드 브레인'의 핵심적인 토대이다. 세컨드 브레인은 자신에게 필요한 정보를 직관적으로 수집하고, 유의미하게 정리하고, 핵심을 추출하고, 결과물로 표현할 수 있도록 하는 유기적이고 효율적인 생산성 도구이다. 이렇듯 지식을 올바른 방식으로 사용하기 위해서는 정보를 올바른 방식으로 정리하는 과정이 중요하다.

지금까지 많은 사람들이 정보를 수집하고 보관할 때 어려움을 겪은 이유는 정보를 어떤 '기준'으로 나누어 정리해야 할지 몰랐기 때문이다. 가령 당신이 책을 읽다가 좋은 글귀를 발견하거나 재미있는 기사를 본다면 어떻게 처리하는 게 좋을까? 이때 많은 사람들이 아이디어나 정보가 어디서 왔는지, 즉 '출처'를 기준으로 정리하는 실수를 저지른다. 책 메모는 책 메모끼리, 기사는 기사끼리 보관하는 것이다. 그러다 보니 '언젠가' 다시 보겠다며 잘 모아두지만 막상 어디에 무얼 넣어놨는지 금세 잊어버리곤 비슷한 내용을 계속해서 보관하는 경우도 흔하다.

PARA는 어떤 형태이든 관계없이 자신의 목적, 실행 가능성을 기준으로 정보를 수집하고 정리하고 보관하는 시스템이다. 이 점을 늘 염두에 두어야 한다. 내가 목표로 하는 것이 무엇인가? 무엇을 하고 싶은가? 그것에 정해진 기한이 있는가? 혹은 기한은 없지만 꾸준히 실행해야 하는 중요한 일인가? 아니면 언젠가는 할 것이라고 생각하는 일인가? 이 개념을 잊지 말아야 한다.

이미 알고 있는 사람, 혹은 몰랐지만 눈치 챈 사람도 있을 것이다. PARA는 어떤 단어들의 약어로 만들어진 새로운 말이다. 정보를 어떤 기준으로 나눌 것인지 알려주는 표지판이기도 하고, 자신의 목표를 직관적으로 이해할 수 있는 나침반이기도 하다. 본격적으로 PARA가 어떤 것이고 어떻게 활용할 수 있는지 알려주기 전에 이 책이 어떻게 구성되어 있는지 간단히 소개하겠다.

이 책은 크게 세 부분으로 구성되어 있다. 1부에는 PARA를 시작하기 위해 알아야 할 모든 것을 담았다. 이 과정에서 자기 자신을 위한 PARA 시스템을 직접 실행해볼 것을 강력히 추천한다. 책에서 제시하는 사항들을 활용하면 5분도 걸리지 않을 것이다.

2부에는 수년 간 전 세계 사람들에게 PARA의 구축과 활용 방법을 코칭하면서 얻은 부가적인 지침과 모범 사례가 담겨 있다. 현실 세계에서 실제로 시스템을 시험해보고 이 부분으로 다시 돌아와서

점검해보면 더욱 효과적일 것이다.

3부는 내 동료와 고객, 수강생들이 유용하다고 생각했던 좀 더 깊이 있는 주제들, 그중에서도 프로젝트 목록을 작성하는 법, 정리된 상태를 유지하기 위해 습관화하는 법, PARA를 활용해 집중력을 높이는 법 등에 관한 '심층 분석'을 담고 있다. 더 많은 지침을 원할 때 큰 도움이 될 것이다.

나 역시 한번 집어든 책은 예외 없이 처음부터 끝까지 읽어야 한다고 고집하던 때가 있었다. 지루하고, 지금의 나에게는 큰 도움이 안 되는 수많은 책들과 힘겹게 싸운 후에야 비로소 이런 방식이 완전히 비생산적이라는 사실을 깨달았다. 책을 시작하거나 끝냈다고 우리에게 상을 주는 사람은 없다. 책은 수집해야 할 트로피도 아니고, 어떤 것을 배웠다는 증거도 아니다. 이 책도 마찬가지다. 당신이 이 책을 다 읽는다고 해서 누군가 칭찬을 해주거나 특혜를 주진 않는다. 이 책을 읽어서 얻을 수 있는 유일한 보상은 당신이 배운 것을 실행에 옮기는 데서 나온다. 앞부분인 1장에서 5장까지만 읽어도 그렇게 할 수 있다.

PARA가 무엇인지, 어떻게 만드는 것인지 세부적인 내용을 알려주기 전에, 당신의 다짐과 나 자신의 다짐을 일치시키기 위해 PARA를 채택하면 어떤 일이 일어날 것이지 먼저 다음의 5가지를 약속하고자 한다.

더 이상 정보를 찾느라 시간을
낭비하지 않게 될 것이다.

가장 중요한 메모와 자료가 어디에
있는지, 그리고 어떻게 하면 순식간에
그것을 찾아내고 확인할 수 있는지
정확하게 알게 된다.

더 중요한 것에 더 많이 집중하게 될
것이다.

현재 나에게 무엇이 중요한지 더
명확하게 알게 되고, 따라서 나의
관심사나 목표와 일치하도록 삶을
전략적으로 움직일 수 있다.

목표한 일을 제대로, 제때에 실행할 수
있게 될 것이다.


시작한 일을 일관성 있게 끝내고,
미루는 버릇을 고치고, 배운 것을
활용해 빠른 진전을 이룰 수 있게 된다.

잠재되어 있던 창의력과 생산성이
극대화될 것이다.

자신만의 아이디어 놀이터를 만든
덕분에, 마침내 내부에 갇혀 있던
창의적인 일들을 해낼 수 있게 된다.

**다섯 번째 약속**

정보 과부하와 강박적 수집증에서
벗어날 것이다.

다른 사람들보다 자신이 뒤처지거나
중요한 정보를 잃어버릴 수도 있다는
걱정이 사라지고, 일을 시작하는데
필요한 모든 것을 가지고 있다는
확신이 그 자리를 차지할 것이다.

이제
시작해보자!

# 차례

**들어가는글** 정보의 목적은 저장이 아닌 실행이다 ··········· 6

## 제1부
## 구축:PARA 이해하기

**1장** PARA는 무엇이 다른가 ··························· 21

**2장** 프로젝트별 정리의 힘 ···························· 35

**3장** 1분 만에 PARA를 설정하는 법 ····················· 45

**4장** 정리를 쉽게 만드는 5가지 핵심 요령 ················ 57

**5장** PARA 시스템을 어떻게 유지할 것인가 ············· 69

## 제2부

## 실행: PARA 활용하기

**6장** 프로젝트와 영역을 구분하는 법 · · · · · · · · · · · · · · · · · · · · 83

**7장** 영역과 자원을 구분하는 법 · · · · · · · · · · · · · · · · · · · · · 93

**8장** PARA를 동일하게 확장하는 법 · · · · · · · · · · · · · · · · · · · 103

**9장** 정보가 계속해서 흐르게 하라 · · · · · · · · · · · · · · · · · · · · 117

**10장** 다른 사람과 함께 PARA 사용하기 · · · · · · · · · · · · · · · 129

## 제3부

## 심화: PARA 숙련하기

**11장** 프로젝트 목록을 만들어라 · · · · · · · · · · · · · · · · · · · · · · 143

**12장** 시스템을 위한 3가지 핵심 습관 · · · · · · · · · · · · · · · · · · 157

**13장** 집중력, 창의력, 시점을 높이는 PARA 정리법 · · · · · · · 169

**14장** 언제든 다시 시작할 수 있다 · · · · · · · · · · · · · · · · · · · · 181

**15장** 개인 맞춤형 시스템 구축하기 · · · · · · · · · · · · · · · · · · · 189

**FAQ** 함께 알아두면 유용한 추가 질문들 · · · · · · · · · · · · · · · 197

제1부

# 구축:
# PARA 이해하기

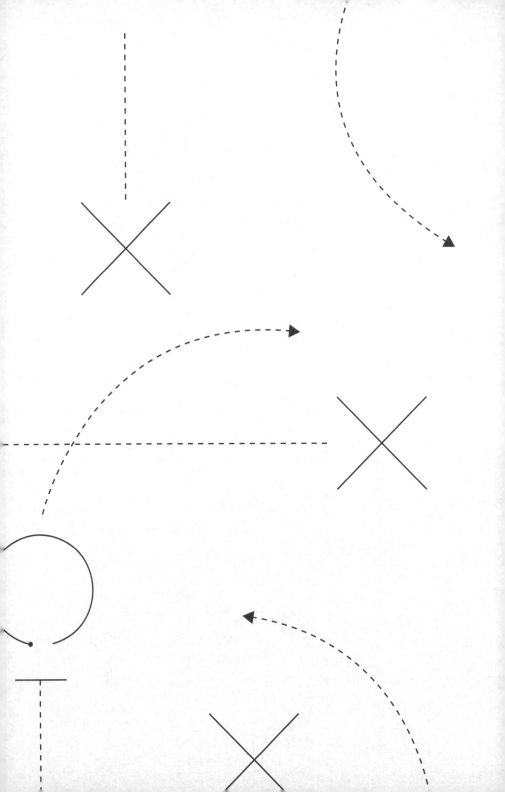

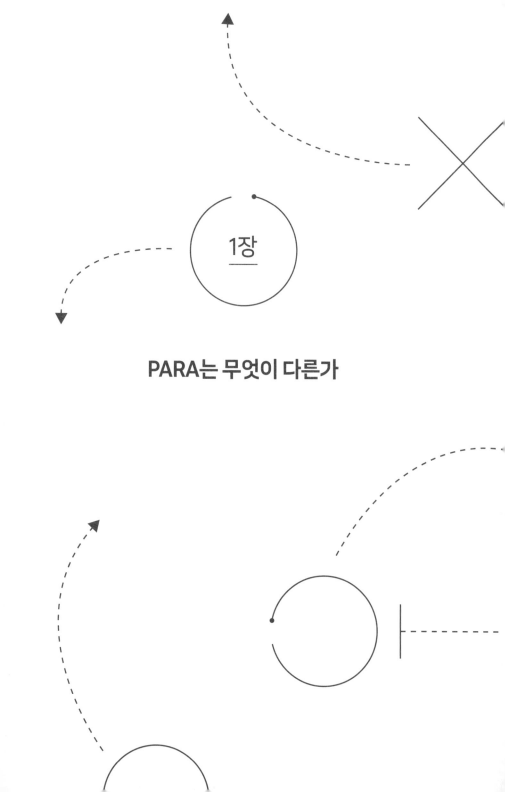

1장

# PARA는 무엇이 다른가

잠깐 시간을 내어 완벽한 정리 시스템을 상상해보라. 당신의 디지털 라이프에 존재하는 모든 정보와 서류, 파일, 메모, 안건, 요약, 조사 자료를 정확하게 어디에 둬야 하는지, 그리고 그 정보가 필요할 때 정확하게 어디서 찾을 수 있는지 알려주는 시스템 말이다.

그런 시스템은 우선 설치가 매우 쉬워야 하고, 관리는 더 쉬워야 한다. 결국 가장 단순하고, 저항이 없는 습관만이 오랜 세월을 견뎌내기 때문이다. 이 시스템은 인생의 다양한 계절마다 생겨나는 필요에 적응할 수 있을 만큼 유연해야 하고, 정보를 저장하는 수많은 장소 모두에 활용할 수 있을 만큼 포괄적이어야 한다. 예를 들면 컴퓨터의 문서 폴더나 클라우드 저장 플랫폼(마이크로소프트 원드라이브, 구글드라이브, 드롭박스 등 다양하다), 디지털 메모 앱(마찬가지로 노션, 에버

노트, 마이크로소프트 원노트, 옵시디언 등 다양하다) 같은 곳 말이다.

하지만 이상적인 정리 시스템은 무엇보다 업무와 일상에서 실질적인 혜택을 얻을 수 있는 방향으로 당신을 이끌어주는 것이어야 한다. 그런 시스템이라면 프로젝트를 완료하고 중요한 목적을 달성하는 방향으로 빠르게 나아가도록 도와줄 것이다. 달리 말하자면, 당신의 삶을 정리하기 위한 궁극적인 시스템은 '실행'을 위한 것이어야 한다.

그런 시스템이라면 변화를 가져올 수 있는 행동을 미루게 하고 가는 길에 장애물만 더 많이 던져 놓는 대신, 의미 있고 가치 있는 행동을 더 가까이 하도록 만들고, 일을 시작하거나 끝내기도 더 쉽게 해줄 것이다.

나는 오랫동안 혼자서 실험해보고, 이후 전 세계 수만 명의 수강생들을 가르치고, 세계적인 수준의 전문가들을 코칭하면서 그런 시스템을 개발했다. 오늘날 초등학교 학생부터 다국적기업들까지, 그리고 그 외에 많은 사람들이 이 시스템을 사용하고 있다.

이 시스템은 PARA라고 불린다. 모든 디지털 플랫폼에서 모든 유형의 정보를 정리하기 위한, 단순하고 포괄적이면서도 유연함을 잃지 않는 시스템이다. PARA는 정보를 분류하는 4가지 범주를 뜻하는 약어이지만, 재미있게도 '병렬parallel'에서 쓰이듯이 '나란히'라는 의미를 가진 그리스어이기도 하다. 덕분에 이 단어는 PARA가

우리의 기억과 사고를 증강하기 위해 뇌와 '나란히' 일한다는 사실을 상기시킨다.

당신이 저장하고 싶은 대상이 책의 일부를 발췌한 것이건, 흥미로운 새 아이디어를 담은 음성 메모이건, 영감을 주는 팟캐스트 인터뷰의 인용문이건, 유용한 온라인 자원을 담고 있는 웹페이지 북마크이건, 중요한 회의나 업무 전화에서 나온 메모이건, 소중한 기억을 상기시켜주는 사진이건, 개인적인 일기이건 상관없이, 이 시스템은 어떤 정보를 먼 미래까지 저장하기 위한 도구를 당신에게 구비해줄 것이다. 그리고 단지 정보를 저장하기만 하는 것이 아니라 염두에 두고 있는 무언가를 달성하기 위해 이를 능숙하게 활용하도록 해준다.

## 인생 전체를 포괄하는 4개의 범주

PARA는 단순하지만 통찰력 있는 사실에 기반을 두고 있다. 우리의 삶에 존재하는 모든 정보를 포괄하는 범주는 크게 4개밖에 되지 않는다는 사실이다. 그것은 프로젝트, 영역, 자원, 보관소이며, 다음과 같이 정의할 수 있다.

| **P**ROJECT 프로젝트 | 현재 업무나 삶에서 쏟고 있는 단기적인 노력 |
| **A**REAS 영역 | 오랜 시간에 걸쳐 계속 관리해야 하는 장기적인 책임 |
| **R**ESOURCES 자원 | 미래에 유용할 수도 있는 주제나 관심사 |
| **A**RCHIVES 보관소 | 앞의 3개 범주에 있었으나 지금은 비활성 상태인 아이템 |

먼저 당신에게는 현재 활발하게 작업 중인 '프로젝트'가 있을 것이다. 업무에서건 개인적 삶에서건 특정 목표를 염두에 두고 착수하는 단기적인 노력 말이다. 즉, 명확한 완료의 상태를 목표로 하고, 정해진 마감기한이 있는 것들이다. 예를 들자면 다음과 같은 것들이다.

- 웹페이지 디자인 완성하기
- 새 컴퓨터 구입하기
- 연구 보고서 작성하기
- 욕실 개조하기
- 스페인어 과정 끝내기
- 새로 구입할 가구 배치하기

다음으로 책임 '영역'이 있다. 영역은 프로젝트 못지않게 일과 삶에서 중요한 부분이지만, 좀 더 광범위하고 지속적인 관심을 요구한다. 정해진 마감기한은 없지만 꾸준히 해야 하는 것들이 주로 이에 해당한다. 여기에는 다음과 같은 것들이 포함될 수 있다.

- 마케팅, 인사관리, 제품 관리, 연구 개발, 직원 관리, 업무 프로세스 개선 같은 업무적인 책임
- 건강, 재무, 자녀교육, 글쓰기, 자동차 관리, 주택 구입 같은 개인적인 책임

세 번째로 일과 일상에서 흥미를 가지고 있는 다양한 주제인 '자원'이 있다. 여기에는 언젠가 하게 될 수도 있는 관심사에 대한 참고자료와 연구조사도 포함된다. 예를 들면 다음과 같은 것들이다.

- 전원생활
- 식물 가꾸기
- 유기농 음식
- 스페인 여행
- 사진
- 마케팅 자산

마지막으로 '보관소'가 있다. 보관소는 앞의 3개 범주에 속했던 것들 중 더 이상 진행되지는 않지만 훗날 도움이 될까 싶어 저장하는 것이 포함된다.

- 완료했거나 중단한 업무, 혹은 마무리된 **프로젝트**
- 더 이상 활동하지 않거나 관련성이 없어진 **영역**
- 더 이상 관심이 없어진 **자원**

| 프로젝트 | 영역 | 자원 | 보관소 |
|---|---|---|---|
| 웹페이지 디자인 완성하기 | 마케팅 | 전원생활 | 완료된 프로젝트 |
| 새 컴퓨터 구입하기 | 인사관리 | 식물 가꾸기 | 비활동성 영역 |
| 욕실 개조하기 | 건강 | 유기농 음식 | 과거 관심사 |

이 책에서 나는 정리의 주된 단위를 언급할 때 '폴더'라는 용어를 사용하려고 한다. 소프트웨어에 따라 디렉토리, 태그, 링크라는 용어를 사용하기도 하는데, 그런 용어들을 사용해도 전혀 문제가 없다. 용어는 당신이 편한 대로 무엇이든 사용할 수 있다. 중요한 것은 용어가 아니라 쓰임새에 따라 4개의 최상위 분류를 해야 한다는 점이다. 앞의 그림에서 보듯이 최상위 폴더 4개, 즉 [프로젝트], [영역], [자원], [보관소]의 각 유형 폴더는 당신의 삶에 존재하는 각각의 구체적인 프로젝트, 책임 영역, 자원, 보관소에 할애된 하위 폴더를 포함한다.

복잡한 현대인의 삶이 단지 4개의 범주로 줄어들 수 있다는 이야기는 믿기 어려울 것이다. 당신은 자신이 처리해야 할 일들이 이런 단순한 시스템에 맞춰 넣을 수 있는 것보다 훨씬 더 많다고 느낄 수도 있다. 하지만 그것이 요점이다. 가뜩이나 할 일도 많고 삶도 복잡한데 정리 시스템마저 복잡하다면 복잡한 삶을 살아가는데 쓰기에도 부족한 시간과 에너지를 시스템 관리에 또 빼앗길 것이기 때문이다. 우리가 이러한 시스템을 만들고 사용하는 것은 더 적은 에너지와 시간을 사용하여 더 효과적인 결과를 내기 위해서라는 점을 잊지 말자. 정보 정리에 사용할 시스템은 너무나 단순해서 당신의 주의를 빼앗기보다는 자유롭게 풀어줄 수 있어야 한다. 당신의 시스템은 시간을 제공해줘야지 잡아먹어서는 안 된다.

# 프로젝트와 목표를 기준으로 정리하라

대부분의 사람들은 정보를 정리하는 방법을 학교에서 처음 배운다. 우리는 수업 필기와 유인물, 학습 자료를 수학, 역사, 화학 등 학습 주제에 따라 정리하라고 배웠다. 당시에는 그것이 유용했을 것이다. 하지만 사회에 나와 업무와 일상에서 하는 일이 많아지고 복잡해지면서 그 분류법은 더 이상 효율적이지 않게 된다. 문제는 우리가 그 사실을 깨닫지 못한 채 성인이 된 후에도 같은 접근방식을 사용한다는 점이다. 서류와 파일을 '마케팅', '심리학', '비즈니스', '아이디어'처럼 엄청나게 광범위한 주제에 따라 계속해서 범주화하는 것이다.

이런 접근방식은 학창시절의 배움이 끝나고 사회인으로서 일을 하는 상황에는 맞지 않는다. 직장에는 수업도, 시험도, 성적도, 졸업장도 없기 때문이다. 기말 시험이 없으니 기말 시험에 대비해 공부해야 할 것을 미리 알려주는 선생님도 없다.

업무에서나 삶에서나 당신이 가진 것은 달성하려고 노력하는 결과이다. 당신은 새로운 프로젝트를 시작하거나, 중요한 결정을 내리거나, 분기 영업 목표에 도달하려고 노력 중이다. 신나는 여름 휴가를 계획하거나, 새로 쓴 개인적인 글을 출판하거나, 집 근방에서 저렴한 어린이집을 찾으려고 최선을 다하고 있다. 이런 일들을 실현시키려고 노력하는 만큼, 당신에게 바쁜 하루 가운데 6개월 전에 저장한 기사를 찾으려고 '심리학' 같은 방대한 범주를 샅샅이 뒤져볼 시간은 결코 없을 것이다. 따라서 당신의 시간과 에너지를 아끼고 효율성을 높이기 위해서는 옛날 학교에서 그랬듯이 방대한 주제에 따라 정보를 정리하는 대신, 지금 현재 몰두하고 있는 프로젝트와 목표에 따라 정보를 정리해야 한다. 이것이 이 책 전체에 걸쳐 여러 차례 반복할 핵심 내용인 '실행을 위해 정리한다'는 말이 의미하는 바다.

예를 들어 그래픽디자인 프로젝트 작업을 하려고 앉아 있다면 그 프로젝트와 관련된 메모와 서류, 자산, 그 외 다른 재료가 모두 한곳에 있어야 하고 시작할 준비가 되어 있어야 한다. 누구에게나 뻔한 이야기 같지만, 나는 대부분의 사람들이 그런 상황과 정확하게 반대로 행동한다는 사실을 알게 됐다. 대부분의 사람들은 필요한 모든 자료를 여기저기 서로 다른 장소에 펼쳐놓는 경향이 있다. 이는 시작할 준비가 되기 전에 그 자료들을 찾느라 30분은 허투루 보내야 한다는 의미다.

어떻게 하면 각각의 프로젝트나 목표와 관련된 모든 자료가 한곳에 있도록 할 수 있을까? 그러려면 먼저 그런 방식으로 자료를 정리해야 한다. 그래야 모든 것을 정확하게 어디에 두어야 할지, 정확하게 어디에서 찾을지를 알 수 있다. 업무를 수행하는 데 필요한 모든 정보를 즉시 사용할 수 있을 때 목표 달성이 그만큼 더 가까워진다. 비전을 가로 막는 장애물이 사라질 때 무엇을 달성할 수 있을지 알아보도록 하자.

우리의 삶에 존재하는 모든 정보를
포괄하는 범주는 크게 4개밖에 되지
않는다. 복잡하고 빠르게 변하는
현대인의 삶을 생각하면
믿기 어렵겠지만, 업무와 일상의
모든 것을 단지 4개의 범주로 나눌 수
있다는 것이 PARA의 핵심이다.

할 일은 많고 시간은 없는 현대인에게
효율성은 무척 중요하다. 당신의
시간과 에너지를 아끼고 효과적으로
사용하기 위해서는 현재 몰두하고
있는 프로젝트와 목표에 따라 정보를
정리해야 한다.

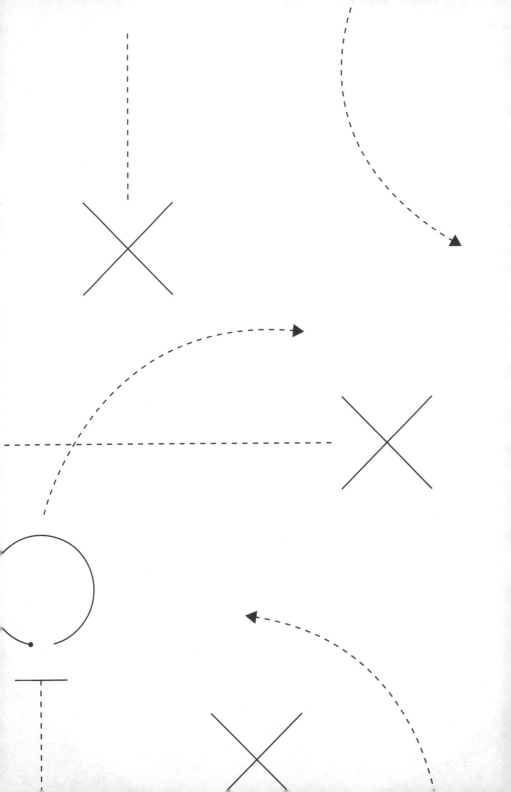

2장

**프로젝트별 정리의 힘**

나는 2010년대 초반에 샌프란시스코 지역에서 생산성 혁신 코치로서 경력을 쌓기 시작했다. 당시는 테크 붐이 절정에 도달했을 때였고, 가장 선도적인 글로벌 기업들은 생산성을 높일 방법을 모색하고 있었다. 나는 기쁜 마음으로 그들을 도왔다.

아름다운 해변이 내려다보이는 곳에 자리한 유명 바이오테크 기업의 임원 몇 명을 코칭하던 때였다. 나는 많은 사람들의 생명을 구할 신약의 개발을 담당하는 임원을 기다리던 어느 봄날을 기억한다. 그가 도착하자 나는 단순한 질문을 던지는 것으로 코칭 세션을 시작했다.

"프로젝트 목록을 가지고 계신가요?"

생산성 코치로 고객과 함께 일할 때 내가 항상 첫 번째로 보여

달라고 요청하는 자료 중 하나가 프로젝트 목록이다. 그들이 어떤 유형의 일을 하는지, 업무 부담은 현재 어느 정도인지, 진전을 이루려고 노력하는 일의 우선순위와 결과는 무엇인지 감을 잡으려면 프로젝트 목록이 필요하다.

내 질문을 들은 임원은 "당연하죠!"라고 당당히 말했다. 그리고 기억에 의존해(첫 번째 적신호다), 간단한 목록을 후다닥 적은 다음 나에게 건넸다.

---

**··· 프로젝트 리스트** ▼

1. 직원 채용
2. 행사
3. 부하직원 관리
4. 전략 계획 수립
5. 연구조사
6. 휴가
7. 전문성 개발
8. 생산성 개선

---

문제점이 보이는가? 그가 제출한 프로젝트 리스트를 다시 한번 자세히 살펴보라. 내 정의에 따르면 이 목록에 적힌 항목 중에 프로

젝트는 하나도 없다. 프로젝트는 '단기적인 노력'이며, 이는 그 노력을 끝낼 날짜가 명확하게 필요하다는 의미다. '전략 계획 수립'이 언젠가 완전히 끝날 수 있을까? 당신이 목록에서 '휴가'를 영원히 지워버릴 수 있는 때가 올까? 부디 그렇지 않기를 바란다!

이 목록에 있는 모든 항목은 사실 영역에 속한다. 책임은 끝없이 지속된다. 이런 구분은 중요한 문제다. 그리고 나는 당신이 아무리 똑똑하고 의욕에 불탄다 해도, 책임 영역을 구체적이고 특정한 프로젝트로 나누기 전에는 할 수 없는 2가지 중요한 일이 있다는 사실을 배웠다. 하나씩 살펴보자.

첫 번째 문제점:

## 업무 정도를 제대로 파악할 수 없다

요즘 사람들이 가장 흔하게 불평하는 것 중 하나는 '일을 처리할 여력이 없다'는 것이다. 나도 거기에 공감한다. 당신 앞에 너무 많은 것이 놓여 있다고 느껴질 때가 얼마나 많은가? 하지만 '영역의 렌즈'를 통해서 일을 보는 한 '실제로' 얼마나 많은 것이 놓여 있는지 결코 제대로 알 수 없다. 앞의 목록에서 '직원 채용'이 나타내는 업무량은 얼마나 될까? 고용은 6개월마다 파트타임 직원을 채용하는 일부터 이번 분기에 20명의 정직원을 채용하는 일까지 어떤 방식이든 될 수 있다.

한눈에 척 알 수 있는 방법이란 것은 결코 없다. 그리고 불확실성은 모든 영역을 실제보다 더 부담스럽게 느껴지도록 만들고는 한다. '직원 채용'이라는 항목 안에 포함된 각 프로젝트를 파악하고 그 목록을 매일 눈앞에 보관한다고 상상해보라. 해야 할 일이 얼마나 많은지, 그리고 다음에 무엇을 해야 할지 알기 훨씬 쉽지 않을까? 예를 들어 다음과 같이 분류할 수 있다.

> **··· 직원 채용 프로젝트** ▼
>
> 1. '엔지니어링 관리자' 채용
> 2. '프로젝트 분석가' 채용
> 3. '마케팅 이사' 채용
> 4. '현장 연구원' 채용
> 5. '재무 관리자' 채용

# 장기적 목표를 세우기 어렵다

지식 노동에서 가장 어려운(하지만 보람 있기도 한) 측면 중 하나는 지식 노동이 우리의 창의력을 요구한다는 점이다. 그리고 사실 창의력은 동기가 부여된다는 느낌 없이는 유지될 수 없다. 번아웃 상태로 사기가 땅에 떨어져 있는데 최상의 사고력을 계속 발휘하면서 최고의 아이디어로 기여할 수는 없다.

무엇이 우리에게 동기를 부여할까? 동기 부여는 대개 일관되게 진전을 이루고 있는지의 여부에 달려 있다. 그 일을 함으로써 '어딘가로' 향하고 있음을 안다면 상당한 스트레스와 절망도 짧은 기간 동안은 참아낼 수 있다. 이 사실은 우리에게 두 번째 문제를 제시한다. 즉, 개별 프로젝트의 목록 없이는 최근에 기울이고 있는 노력을 장기적인 목적과 연결할 수 없다는 사실이다.

앞서 나온 프로젝트 목록을 다시 한번 들여다보라. 거기에 있는 항목 중 어떤 것도 시간이 흐른다고 해서 갑자기 끝나거나 달라지지 않을 것이다. 그것이 영역의 정의이다. 즉, 책임 영역은 끝없이 계속된다. 몇 주가 지나도, 몇 달이 지나도, 심지어 몇 년이 지나도 끝나지 않는 목록이 정확하게 똑같이 존재한다는 사실을 깨달을 때 우리가 느낄 심리적 타격을 상상해보라. 아무리 열심히 일해도 끝없는 지평선은 결코 조금도 가까워지지 않는다. 솔직히 누군가의 동기를 꺾으려고 시도한다면 이보다 더 좋은 방법을 설계할 수는 없을 것이다.

책임을 작은 규모의 프로젝트로 쪼갤 때는 반드시 프로젝트 목록이 쉴 새 없이 돌아가도록 만들어라. 한 프로젝트가 성공적으로 끝날 때마다 축하하면서 이런 회전은 규칙적인 승리의 리듬을 만들어낸다. 예를 들어 '행사'와 같은 광범위한 영역을 당신이 조직하는 각각의 개별적인 행사로 나눌 때 훨씬 동기가 부여되고 성취감을 느낄 수 있다.

---

**··· 행사 프로젝트** ▼

1. 분기별 직원 야유회
2. 연례 콘퍼런스
3. 연구조사 방법에 관한 워크숍
4. 연말 채용 페어
5. 임직원 여름 야유회

---

# 당신이 이끌어가고 싶은 삶을 위한 정리

PARA를 이용한다는 것은 이것저것 넣을 폴더를 여러 개 만드는 일에만 그치지 않는다. PARA를 이용한다는 것은 현재 자신이 몰두하고 있는 일이나 바꾸고 싶은 것, 가고 싶은 장소와 같은 일과 삶의 구조를 파악하는 일이다. 이끌어가고 싶은 미래의 삶을 지원하고 창조해내는 방식으로 정보를 정리하는 일과 관련이 있다.

우리가 '정리'한다고 부르는 일 중 많은 부분은 사실상 본 모습을 숨기고 있는 미루기다. 우리는 '준비 중'이나 '조사 중'이라고 하면서 마치 그 말들이 진전을 의미하는 듯이 행동한다. 현실에서 우리는 두려워하는 과제를 직면해야 하지만, 이를 피하기 위해 다듬거나 정리할 수 있는 소소한 작은 일들을 찾으려고 노력한다.

PARA는 단순하면서도 획기적인 정리 방법을 제시해 이런 허울을 꿰뚫는다. 이 방법은 너무도 단순해서 다음의 필수적인 단계를 제외하면 해야 할 일이 전혀 남지 않고 변명도 할 수 없게 만든다. 앞으로 나아가기 위한 명료성을 확보하기에 딱 충분한 질서만 당신의 환경에 추가하고 그 이상은 더할 것이 없는 미니멀리스트 같은 방식이다.

다음 몇 개의 장에서는 디지털 라이프를 혁신하는 데 이 방법을 사용한다는 것이 어떤 것인지 좀 더 깊게 파고들어 보자.

지금 나의 프로젝트 목록을 명확히 정리하지 못하면 실제 업무량을 파악하기 어렵고, 따라서 장기적인 목표를 세우기도 어렵다. 끝이 분명하지 않은 일은 프로젝트가 아니다. 이 점을 명심하라.

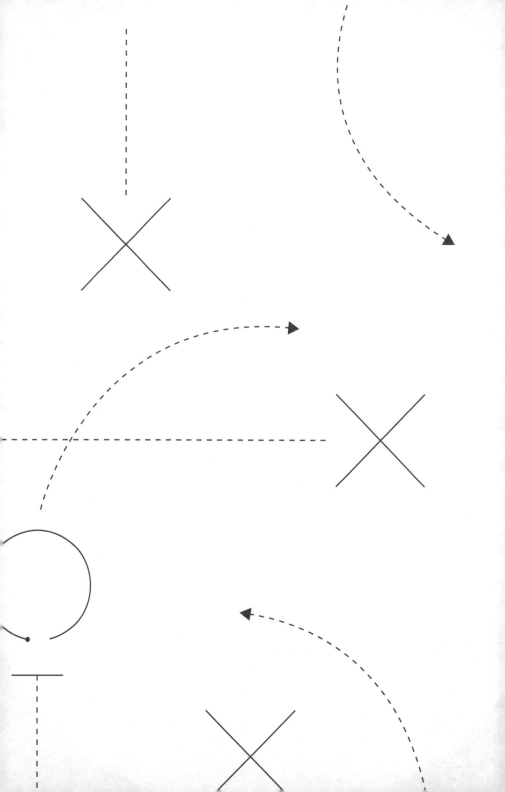

# 3장

## 1분 만에 PARA를 설정하는 법

당신은 PARA를 실행하는 첫 번째 단계가 당신이 사용하는 모든 플랫폼 안에 4개의 최상위 폴더를 꼼꼼하게 만들고, 그런 다음 기존 파일 모두를 그 안으로 하나하나 옮기는 작업이라고 생각할 수도 있을 것이다. 과거에 나는 정확히 그렇게 하도록 고객들을 돕는 데 많은 시간을 보냈다. 하지만 시행착오를 거치면서 그 방법이야말로 잘못된 시작 방법임을 알게 됐다. 새로운 무언가를 창조하려면 그 전에 옛것과의 '단절'이 먼저 필요하다.

이번 장에서는 디지털 플랫폼에 PARA를 적용할 때 취할 3단계를 자세히 설명하고자 한다.

• 1단계 기존 파일 보관소에 저장하기

- 2단계 프로젝트 폴더 생성하기
- 3단계 필요에 따라 추가 폴더 생성하기

우선은 이 작업을 컴퓨터 문서 폴더 같은 플랫폼 한 군데에서만 시작해볼 것을 권유한다. 대부분의 사람들에게 이 폴더가 대개는 가장 오래되고 큰 저장고이기 때문이다.

## 1단계:
## 기존 파일 보관소에 저장하기

물리적인 세상에서는 종이 1장, 파일 폴더, 물건이 제각각 소중한 공간을 차지한다. 따라서 그들 모두를 각각 어떻게 할지 결정을 내려야 한다. 비록 그 결정이 단순히 그 자료를 버리는 것일지라도 말이다.

디지털 세계는 다르다. 디지털 물건은 어떤 물리적인 공간도 차지하지 않는다. 엄밀히 말해 그들은 디지털 공간을 차지하며, 요즘 그 공간은 사실상 무한하다. 실제로 어떤 것도 새로운 공간을 만들기 위해 내다 버릴 필요가 없다는 의미이다. 당신은 말 그대로 모든 것을 보관할 수 있다.

이 사실은 축복처럼 보일 수도 있지만 동시에 저주이다. 모든 것을 보관할 때의 문제점은 그로 인해 물리적 공간보다 더 부족한 자원, 바로 당신의 주의, 여유, 시간이 빠르게 소모된다는 점이다. 컴퓨터 데스크톱, 문서 폴더, 클라우드 드라이브, 메모 앱 전체에 여기저기 흩어져 있는 온갖 파일을 볼 때마다 정신 에너지의 일부가 빠져나간다.

노트북을 닫고 무시해 버리면 된다고 생각할지도 모르지만, 뇌의 작은 부분은 당신이 그곳에 질서를 부여할 때까지 디지털 환경의 혼란스러운 상태에 대해 끊임없이 걱정하고 있을 것이다. 뇌의 관점에서 정보 환경은 물리적 환경만큼이나 중요하고, 정보 환경이 불확실하고 위협적으로 느껴지는 한 뇌는 당신을 쉽게 내버려 두지 않는다.

모든 것을 보관할 수는 있다. 하지만 당신의 관심 속에서 가장 중요한 위치에 보관할 수는 없다. 안전한 보관을 위해 갈 장소가 필요하다. 안전하지만, 필요하게 될 때까지는 완전히 '눈앞에서 사라지면 마음에서도 사라지는' 그런 장소 말이다.

그 장소가 보관소이다. 보관소를 디지털 라이프의 '냉동실'처럼 생각하라. 여기에 무엇인가를 둔다면, 정확히 내버려둔 상태 그대로 시간 속에 '동결'된다. 그 사이에는 보관소를 걱정할 필요도 없고 미래에 다시 접속할 수 있다는 사실을 보장받으면서 말이다.

자, 당신이 했으면 하는 일은 바로 이것이다. 문서 폴더에 있는 수백 개에서 수천 개, 혹은 그 이상일 수도 있는 기존 파일, 서류, 폴더, 메모 등 모든 것을 선택해서 '보관소[○○년 ○월 ○일]'라고 이름 붙인 새로운 폴더로 옮기는 일이다.

이 폴더는 일종의 타임캡슐이다. 지금 이 시점부터 앞으로 저장할 것들과 이전에 저장한 것들을 분리하면서 바로 지금 당신이 가진 모든 것을 보존하는 타임캡슐 말이다.

그런 다음 오늘 날짜를 매긴 이 폴더를 단순히 '보관소'라고 제목을 붙인 최상위 폴더 아래로 옮겨놓으라. 앞으로 이 '보관소'가 당신이 가진 모든 보관소의 공식적인 집이 될 것이다.

이게 전부다. 1단계가 끝났다.

## 2단계:
# 프로젝트 폴더 생성하기

이제 문서 폴더를 비웠으니 새로운 것을 시작할 시간이다. 아름다운 텅 빈 공간을 만들었으니 앞으로 거기에 저장할 새로운 것을 보관하기 위해 약간의 구조를 추가하고자 한다.

'프로젝트'라고 불리는 새로운 폴더를 생성하는 일로 두 번째 단계를 시작하라. 이 폴더는 이제부터 프로젝트(명백한 최종 목표가 있는 단기적인 노력)와 관련된 모든 정보의 공식적인 집이 될 것이다. 새 폴더 안에 현재 진행 중인 프로젝트별로 하위 폴더를 만들고 거기에 각 프로젝트의 이름을 붙여라.

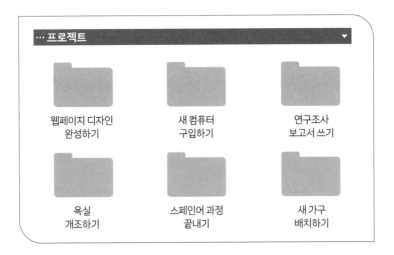

시작 순서로 프로젝트에 집중하기를 원하는 이유는 지금 현재 당신이 활발하게 진행 중인 노력이기 때문이다. 따라서 시기적절하고 긴급할 가능성이 당연히 더 높다. 그런 다음 활발하게 작업 중인 문서나 메모, 파일을 적절한 프로젝트 폴더로 옮기는 작업을 바로 진행하면 된다. 하지만 이 일을 맨 처음, 혹은 모두 동시에 해야 한다고 느낄 필요는 없다. 예를 들어 '욕실 개조하기' 프로젝트에는 이런 자료들이 있을 수 있다.

- 욕실 치수 측정 자료
- 쓰고 싶은 타일의 패턴과 색상 사진
- 협의 중인 몇몇 도급업체의 견적
- 최종 입찰 세부사항 및 서명한 계약서
- 지출을 정리하기 위한 예산 스프레드시트

심지어 다른 사람이 진행 중인 프로젝트라 해도 계속 추적해야 할 정보는 여전히 많다.

# 필요에 따라 추가 폴더 생성하기

과거에 나는 사람들에게 각각의 '영역'과 '자원'에 관해, 언젠가 활용하고 싶을 거라고 생각되는 새로운 폴더를 이 단계에 만들어 두라고 조언했다. 그렇게 모든 폴더를 사용할 준비를 해두면 미래에 새로운 자료를 저장하기가 더 편할 거라고 생각한 것이다. 하지만 그 후에 이런 방식이 실수였음을 깨달았다. 내가 실수했다는 깨달음의 순간은 실리콘밸리 소프트웨어 개발회사에 고용돼 그들이 공유하는 클라우드 드라이브를 정리하는 일을 맡았을 때 다가왔다.

우리는 그들이 사용하고 싶을 법한 PARA 폴더를 모두 생각해 내기 위해 브레인스토밍을 했고, 전체 PARA 시스템을 하루 만에 구축했다. 기분이 날아갈 듯 좋았다. 하지만 그 후 몇 주, 몇 달 동안 내가 들은 이야기는 매우 달랐다. 엔지니어들에 따르면 뭔가를 찾을 때마다 정확하게 그들이 찾는 것이 들어 있다고 보장하는 듯한, 완벽한 이름이 붙은 폴더를 발견했지만, 그 폴더를 열어보면 막상 안은 텅 비어 있었다는 것이다. 우리가 만든 것은 감질나게 하는 이름이 적힌 출입구를 열어보면 빈 방으로 이어지는 미로였고, 그 미로는 찾고 싶은 것을 찾는데 반복해서 실패한 사람들에게 실망과 절망만 안겨줬던 것이다!

프로젝트　　　　영역　　　　자원　　　　보관소

필요에 따라

이 경험 덕택에 나는 새로운 규칙을 하나 만들었다. 안에 넣을 것이 없다면 빈 폴더(혹은 태그나 디렉토리, 다른 보관도구)는 결코 만들지 말라는 것이다. 따라서 영역 및 자원과 관련해 무엇을 넣고 싶은지 확신할 때까지 '추측에 근거한' 폴더 만들기는 보류할 것을 권한다.

어차피 새로운 폴더를 만드는 데는 시간이 조금밖에 걸리지 않으니 그 일을 미리 할 이유는 없다. 또 영역과 자원, 2개의 범주는 프로젝트에 비해 실행 가능성이 덜하고, 따라서 덜 중요하다. 그러니 첫날부터 여기에 완벽하게 살을 붙이는 일은 중요하지 않다.

준비가 됐을 때, 클라우드 드라이브와 메모 앱, 혹은 정보를 저장하는 장소라면 어떤 곳에서건 앞의 3단계, 즉 보관소에 기존 파일을 보관하고, '프로젝트' 폴더를 생성하고, 필요할 때 폴더를 추가하는 과정을 똑같이 따르도록 하자. 그러면 당신의 디지털 세상은 단순함과 효율성의 천국이 될 것이다(혹시 천국paradise이라는 단어의 앞부분이 이 시스템의 이름과 같음을 눈치 챘는가?)

이제 당신은 완벽하게 작동하는 PARA시스템을 갖췄다!

디지털 라이프를 정리하고 있는 만큼, 이번 기회를 앞으로 정보에 대한 당신의 태도를 어떻게 바꾸고 싶은지 반추하는 기회로 삼기를 권한다. 새로운 PARA 폴더에 새로운 정보를 되는 대로 던져넣지 마라. 그렇게 하면 이전에 빠져 있던 혼돈 속으로 되돌아간 자신을 발견하게 될 것이다.

PARA의 최상위 4개 범주에 무엇을 저장하고 싶은지 신중히 생각해보라. 무엇이 진정으로 독특하고 유용한가? 자리에 앉아 어떤 프로젝트나 영역에 집중하려고 할 때 당신 앞에 있어야 할 것은 무엇인가? 진정으로 가치 있는 자원은 무엇이고, 구글 검색으로 쉽게 다시 찾을 수 있는 자원은 무엇인가? 지금이 과거는 깨끗이 지워버리고 세월이 흘러도 변치 않는 정리 원칙에 토대를 둔 디지털 라이프를 다시 부팅할 기회이다. 그 결과로 얻게 될 시간과 관심으로 당신은 무엇을 할 것인가?

PARA를 시작하는 과정은 너무나 간단하다. 과거는 뒤로 하고, 현재를 기준으로 하며, 미래를 목표로 한다.

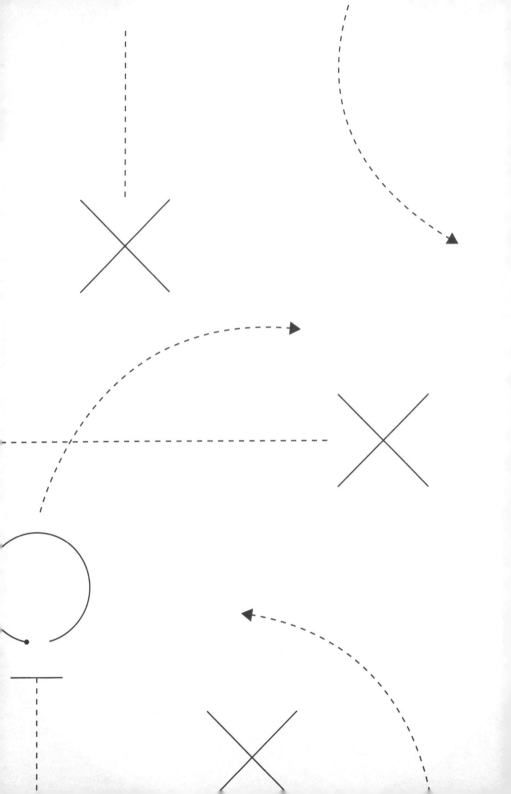

# 4장

## 정리를 쉽게 만드는 5가지 핵심 요령

이제 PARA 방식을 소개했고, 이를 실행하기 위한 3단계까지 안내했다.

- 1단계  기존 파일 보관소에 저장하기
- 2단계  프로젝트 폴더 생성하기
- 3단계  필요에 따라 추가 폴더 생성하기

이 시스템을 사용해 다양한 유형의 정보와 씨름해온 수년 동안, 나는 PARA를 사용자 위주의 더 효과적인 도구로 만들어줄 방안을 몇 가지 발견했다. 각각의 방안을 실행에 옮기는 데 필요한 것은 설정 단 1번과 실행을 위한 1분 정도의 짧은 시간뿐이다.

# 인박스를 만들어라

정신없이 바쁜 한 주의 중간에는, 새로운 아이템들이 도착할 때마다 이를 완벽하게 포착해서 제목을 붙이고 파일로 정리할 시간이 없을 것이다. 이는 새로운 아이템을 '처리하기' 위한 별도의 시간과 장소가 필요하다는 의미다.

내가 추천하는 방법은 문서 폴더, 클라우드 드라이브, 메모 앱과 같은 당신이 사용하는 주요 플랫폼 각각에 앞에서 다룬 [프로젝트], [영역], [자원], [보관소]의 최상위 4개 폴더 외에 '인박스'라는 이름의 폴더를 추가로 생성하는 것이다.

인박스는 새로운 항목을 적절한 장소에 분류할 시간이 생길 때

까지 쌓아두는 임시 저장소이다. 대부분의 디지털 메모 앱에는 인박스가 앱의 일부 기능으로 들어 있다. 기능이 없는 다른 앱들의 경우에는 인박스를 직접 생성하면 된다. 이 작업을 하는 방법은 다음 장에서 좀 더 자세히 설명하겠다.

**두 번째 요령:**

# 폴더에 번호를 붙여라

보다 효율적인 관리를 위해 지금 보유 중인 폴더 5개에 0부터 4까지 번호를 추가하는 방안을 제안한다. 인박스에 '0'을 붙이는 이유는 해당 폴더의 내용물을 아직 처리하지 않았음을 상기시키기 위해서다. 말 그대로 '제로'의 상태인 것이다. 이 방법을 쓰면 실행 가능성이 가장 높은 것부터 낮은 것까지 적절한 순서로 폴더를 파악할 수 있다.

대부분의 시간 동안 당신은 1번 폴더인 [프로젝트]만 들여다볼 것이다. 때때로 더 장기적인 관점에서 생각해보고 싶을 때는 2번 폴더인 [영역]을 열게 될 것이다. 3번과 4번 폴더인 [자원]과 [보관소]는 필요로 할 때까지 시야에서 벗어나 안전하게 유지될 수 있다.

```
…
  ▸ 1 프로젝트
  ▸ 2 영역
  ▸ 3 자원
  ▸ 4 보관소
  ▸ 0 인박스
```

# 명명 규칙을 활용하라

어떤 플랫폼이나 기기에서 폴더를 보고 PARA의 4가지 중요한 범주 중 어디에 속하는지 보다 직관적이고 즉각적으로 알 수 있다면 좀 더 유용할 것이다. 그래서 나는 비공식적인 명명 규칙을 활용하기를 좋아한다. 예를 들자면 이런 것이다.

- [프로젝트] 폴더의 제목에는 '이모티콘'을 붙인다.
- [영역] 폴더의 제목은 알파벳 '대문자'로 시작한다.
- [자원] 폴더의 제목은 알파벳 '소문자'로 시작한다.

일례로 다음 폴더들은 이모티콘으로 시작하기 때문에 [프로젝트] 폴더라는 것을 즉시 알 수 있다.

💎 스폰서십 패키지 만들기

🍄 새로운 환경 기준에 대한 기사 쓰기

🇲🇽 멕시코시티 휴가 계획하기

반면 다음 폴더들은 알파벳 대문자로 시작하기 때문에 [영역]에 속한다는 것을 쉽게 볼 수 있다.

• 전문성 개발Professional Development

• 재무 관리Financial Management

• 여행Travel

다음 폴더들은 알파벳 소문자로 시작하기 때문에 [자원] 폴더에 속한다.

• 피아노 음악piano songs

• 슬라이드 프리젠테이션slide presentations

• 비디오 자산video assets

게다가 이 명명 규칙은 가장 기본적인 텍스트 문자만 있으면 되기 때문에 어떤 플랫폼에서나 사용할 수 있다는 장점이 있다. 내가 제안한 방식을 참고하여 각자 알아보기 편한 방식으로 자신만의 명명 규칙을 만들어보자.

## 오프라인 모드를 활성화하라

PARA가 '오프라인 모드'에서도 완벽하게 작동하는 것은 단순한 이유 때문이다. 이동하면서 사용할 가능성이 높은 모든 자료를 한곳, 바로 [프로젝트] 폴더에 넣기 때문이다.

주어진 프로젝트와 연관된 모든 문서를 찾아 십여 개의 다양한 장소를 돌아다닐 필요가 없도록 문서들은 이미 한곳에 모여 있다. 게다가 [프로젝트] 폴더는 필요한 디스크 공간이라는 측면에서도 가장 작다. 일례로 내가 가진 모든 디지털 메모 중에서 [프로젝트] 폴더 아래에 살고 있는 것은 약 1퍼센트밖에 되지 않는다. 이런 특징 덕분에 인터넷을 연결할 수 없지만 여전히 정보를 이용할 필요가 있을 때, 로컬 장치에 정보를 쉽게 다운로드 할 수 있다.

여행을 하거나 이동 중일 때, 혹은 그저 와이파이를 끄고 집중하고 싶을 때는 잠깐 시간을 들여 각 장치에서 [프로젝트] 폴더(와 그 하부폴더)만을 위해 오프라인 모드를 활성화하라.<sup>∨</sup>

다섯 번째 요령:

## 백업 시스템을 만들라

디지털 세상을 정리하는 데 상당한 시간과 노력을 투자하고 있는 만큼, 그 세상의 가치는 훨씬 더 커질 것이다. 그런 노력이 낭비되지 않도록 사용 중인 주요 플랫폼 각각에 대해 신뢰할 수 있는 백업 시스템을 만들 것을 추천한다.

어떤 종류이건 클라우드 기반 플랫폼을 사용하고 있다면, 모든 데이터가 클라우드에 저장되기 때문에 이 단계를 이미 취한 셈이다. 컴퓨터에 있는 파일의 경우에는 클라우드 백업 서비스(온라인 상태가 되면 자동으로 백업을 시작하는 것)를 이용하거나, 혹은 외장하드 드라이브에 규칙적으로 백업하도록 리마인더를 설정할 수 있다.

. . . .

∨ 여기에는 사용 중인 소프트웨어와 가용한 디스크 공간에 따라 다운로드하려는 폴더에 '오프라인 가능'이라고 불리는 설정 켜기, 모든 파일에 대해 '로컬 동기화' 기능 켜기, 혹은 또 다른 기능이 포함될 수 있다.

# 맞춤형 PARA 시스템 만들기

아마도 당신은 이미 마음속에 PARA 라이프스타일로 살게 되면 삶이 어떻게 달라질 것인지에 대한 멋진 이미지를 그리고 있을 것이다. 그리고 나는 진심으로 그 상상이 실현되기를 바란다. 하지만 그 길을 따라가다가 어느 지점에서 불안정해진다면 이 책의 이 지점으로 돌아오도록 하라. 나는 삶이 종종 정신없이 바빠질 수 있음을 안다. 따라서 PARA는 몇 가지 방식으로 '우아하게 실패'하도록 설계되어 있다. 이를 위해 다음의 2가지를 꼭 기억하자.

첫째, 주어진 파일이나 메모를 어디에 넣었는지는 중요하지 않다. 아이템을 '파일로 저장'하는 일이 지나치게 부담스럽거나 시간 소모적임을 알게 된다고 해도 너무 걱정하지 마라. 대부분의 경우 검색 기능을 활용하면 정보를 다시 찾을 수 있다. 이는 아이템을 특정 하위 폴더에 저장하는 일이 바람직하긴 하지만 필수사항은 아니라는 의미이다.

9장에서 당신은 미래에 여러 범주 사이에서 아이템이 '흘러 다니도록' 할 기회가 많아질 것이며, 따라서 무엇을 어디에 우선 저장할 것인지는 매우 너그럽게 결정할 수 있는 일임을 알게 될 것이다. 매 단계마다 백업 플랜과 안전망이 존재한다.

둘째, PARA의 범주가 정확하게 4개인지는 중요하지 않다. 믿거나 말거나, PARA라는 글자가 대표하는 4개의 주요 폴더조차도 선택적이다. 나는 더 많은 범주를 선호하거나 범주를 추가하기 위해 글자를 추가하는 사람들도 만났다. 예를 들어 '시스템Systems'의 S나 '가치Values'의 V처럼 본인이 생각하기에 필요하다고 느끼는 별도의 폴더를 추가할 수 있다. 혹은 현재 실행 가능한 모든 것을 위한 '핫Hot' 폴더와 그렇지 않은 모든 것을 위한 '콜드Cold' 폴더, 2개만 가지고 작업하는 사람도 보았다.

어떤 방식이든 가장 중요한 원칙은 현재 실행 가능하고 시기적절한 것이라면 무엇이든 분리해서 거기에 관심을 쏟는다는 점이다. 그리고 그렇게 할 수 있는 방법은 셀 수 없이 많다. 내 처방을 정확하게 따라야 한다고 느끼지 마라. 이 처방을 맞춤형으로 바꾸어도 좋다.

PARA의 큰 장점은 쉽고 간단하면서도
사용자 친화적이라는 것이다.
나에게 더 편리하고 효율적이며
적합한 방식으로 얼마든지 변형하고
최적화할 수 있다.

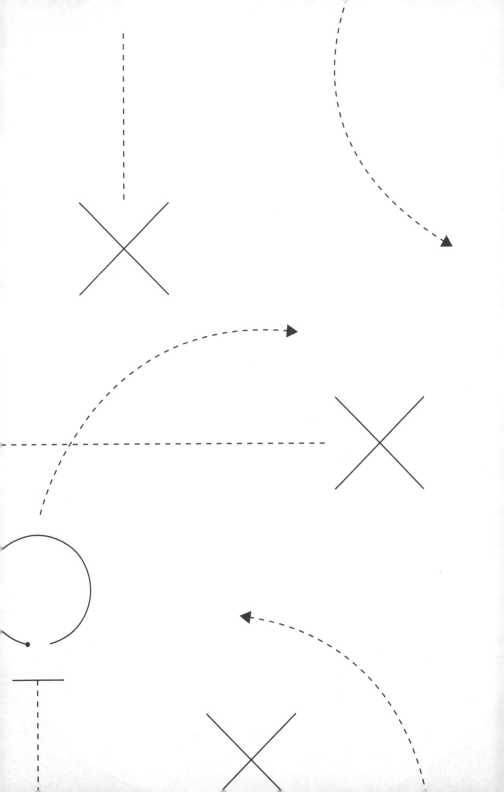

5장

**PARA 시스템을 어떻게 유지할 것인가**

나는 당신이 풍요롭고 다양한 삶을 사는 바쁜 사람이라는 걸 잘 안다. 따라서 서류를 파일로 저장하는 일이 우선순위 목록에서 그다지 높은 순위를 차지하지는 않을 것이다. 그래서도 안 된다. 나 역시 마찬가지다. 시스템을 변경하고 최적화하는 데 되도록 최소의 시간을 소비하고 싶다. 그런 이유에서 매주 5~10분 정도만 들여서 PARA 시스템 유지 작업을 할 것을 추천한다. 다음의 쉬운 3단계를 따르기만 하면 된다.

- 1단계  인박스에 있는 신규 아이템 추가하기
- 2단계  새로운 아이템 분류해서 맞는 폴더에 넣기
- 3단계  진행 중인 프로젝트 업데이트하기

이들 각각을 좀 더 자세히 살펴보기로 하자.

1단계:

# 인박스에 있는 신규 아이템 처리하기

앞에서 설명했듯이 '인박스'는 새로운 항목을 적절한 장소에 보관하기 전에 쌓아두는 임시 보관소이다. 나는 새로 발견한 자료들을 [인박스] 폴더에 넣어두었다가 시간 여유가 있을 때 다시 검토하면서 PARA 폴더로 이동시킨다. 일상적으로 내 인박스를 들여다보면 대체로 일주일에 약 10개에서 20개의 새로운 아이템이 축적된다. 예를 들어 팀 회의 때 적은 메모나 읽고 있는 책의 흥미로운 부분, 웹사이트에서 가져온 유용한 스크린숏, 새로운 아이디어를 녹음한 보이스 메모 등이 거기에 포함된다.

처음 만들어졌을 때, 이런 종류의 파일에는 대개 '제목 없는 문서' 혹은 '새로운 메모' 같은 정체를 알 수 없는 쓸모없는 제목이 붙는다. 나는 몇 초를 들여 저장한 각 아이템을 살펴보고, 좀 더 직관적으로 정보를 제공할 수 있도록 제목이나 이름을 명료하게 바꾸는 작업이 미래 어느 시점에 하게 될 검색을 엄청나게 도와준다는 사실을 발견했다.

예를 들어 다음과 같은 식으로 할 수 있다.


• 2023년 3월 2일 클라라와 한 회의 메모
• 책《숨만 잘 쉬어도 병원에 안 간다》에서 흥미로운 부분
• 채용 면접에 관한 유용한 웹사이트
• 새로운 온라인 과정 아이디어에 관한 보이스 메모


멋지거나 기술적인 이름들은 아니다. 날짜는 어떨 때는 넣고 어떨 때는 생략한다. 몇 초 동안 생각해낼 수 있는 가장 짧고, 간단하고, 이해하기 쉬운 제목을 각 아이템에 부여하는 것이 내가 하는 일의 전부이다.

이 작업을 할 때 다음과 같은 몇 개의 인박스를 갖게 될 것임에 유의하라.


• (4장에서 추천한) 최상위 4개 폴더 아래에 만든 인박스
• 클라우드 드라이브를 위한 인박스
• 디지털 메모 앱 안의 인박스

# 2단계:
# 새로운 아이템 분류해서 맞는 폴더에 넣기

새로운 아이템을 '처리하는' 두 번째 단계는 적절한 PARA 폴더로 옮겨 넣는 것이다. 이때에도 주어진 문서가 어떤 프로젝트나 영역, 자원에 가장 연관성 있고 유용한가를 고려하는 데는 단 몇 초밖에 걸리지 않는다. 새로 발견한 정보를 PARA의 어느 폴더에 넣을지 고민된다면 다음의 질문을 따라가면 된다(74쪽의 순서도를 보면 이 작업 과정을 한눈에 이해할 수 있다).

첫째, 이 정보가 현재의 프로젝트나 목표를 진척시키는 데 도움이 될까? 그렇다면 [프로젝트] 폴더에 저장한다. 아니라면 다음 질문으로 넘어간다.

둘째, 이 정보가 영역을 유지하는 데 도움이 될까? 즉, 현재 정해진 마감기한은 없지만 꾸준히 관리하고 신경 써야 하는 부분에 유용할까? 그렇다면 [영역] 폴더에 저장한다. 아니라면 다음 질문으로 넘어간다.

셋째, 이 정보가 내가 흥미를 갖고 있는 다양한 관심사에 도움이 될까? 그렇다면 [자원] 폴더에 저장한다.

세 번째 질문까지 모두 '아니다'라는 답이 나왔다면 마지막 액션은 '삭제하라'이다.

▸ 정보를 PARA의 어디에 저장하는 것이 최선인지 알려면 다음 순서도를 이용하라.

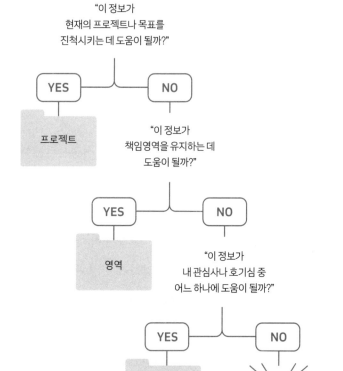

"이 정보가
현재의 프로젝트나 목표를
진척시키는 데 도움이 될까?"

YES → 프로젝트

NO →

"이 정보가
책임영역을 유지하는 데
도움이 될까?"

YES → 영역

NO →

"이 정보가
내 관심사나 호기심 중
어느 하나에 도움이 될까?"

YES → 자원

NO → "삭제하라!"

이 모든 '파일 저장' 작업을 일괄적으로 처리함으로써 불과 몇 분 만에 10개 내지 20개의 새로운 아이템을 쉽게 처리할 수 있다. 검색을 이용하면 다시 찾을 수 있는 가능성이 높은 만큼 이들을 어디에 넣느냐 하는 결정은 위험부담이 낮다. 아울러 나는 지난주에 찾아낸 새로운 정보를 짧게나마 다시 찾아보는 작업이, 필요한 후속 조치를 상기시켜 주는 유용한 역할을 한다는 사실을 발견했다.

순서도에 '보관소에 저장한다'는 내용이 없다는 점을 이상하게 여기는 사람이 있을 수 있다. 하지만 처음 접하는 정보가 곧장 보관소로 들어갈 일은 없다는 사실을 유념해야 한다. 초반에 설명했듯이 보관소는 완료했거나 중단한 프로젝트, 비활성화된 영역, 관심 없어진 자원이 가는 곳이다. 새로운 아이템이 프로젝트, 영역, 자원 중 어느 곳에도 들어갈 만하지 않다면 현재 당신에게 전혀 유용하지 않은 자료라는 뜻이고, 결국 갈 곳은 휴지통밖에 없다.

### 3단계:

## 진행 중인 프로젝트 업데이트하기

마지막으로 [프로젝트] 폴더를 살펴보고 지난 주에 일어난 일을 반영하여 업데이트하라. 가령 다음과 같은 조치가 포함될 수 있다.

- 새로운 범위나 방향을 반영할 수 있도록 프로젝트의 이름 바꾸기
- 달성 가능성을 높이기 위해 프로젝트를 더 작은 프로젝트로 쪼개기
- 완성하거나, 유보하거나, 취소하거나, 다른 사람에게 넘긴 프로젝트를 [보관소]로 보내기
- 휴면 상태였지만 다시 진행하게 된 프로젝트를 [보관소]에서 꺼내 [프로젝트] 폴더로 다시 옮기기

프로젝트를 보관소로 보내기 전에, 추진 중인 다른 활동과 관련 있을 수 있는 자료(브레인스토밍 자료, 배경 조사 자료, 슬라이드, 인터뷰 메모 등)가 있는지 간략히 살펴보고, 이들 항목을 PARA 내부의 적절한 장소로 이동시키라.

예를 들어 당신은 어떤 고객과 일을 하는 동안 새로운 전략적 프레임워크를 발견했고, 일단 이 일을 끝낸 후 미래 고객을 대상으로 그 지식을 활용하고 싶다는 결정을 했다. 이 경우 훗날 다시 참조할 수 있도록 그 서류들을 [자원] 폴더 안의 [전략]이라고 불리는 새로운 폴더로 보낼 수 있다.

이 단계에서 당신이 할 일은 최근 당신의 세상에서 일어난 일이 무엇이건 그것이 정확하게 반영될 수 있도록 [프로젝트] 폴더의 구

성을 바꾸는 것이 전부이다. 필요와 목표를 정리 시스템에 억지로 맞추려고 노력하는 대신, 정리 시스템을 진화하는 필요와 목표에 맞춰 바꾸는 일에는 엄청난 힘이 존재한다.

## 언제나 보관소에서 시작하라

'보관소에 보관하기'라는 중요한 행동에 관해 사람들이 가장 자주 하는 오해는 그 정보를 결코 다시 보지 않을 거라는 생각이다. 하지만, 그렇지 않다. 보관소를 정보가 숨을 거두는 '아이디어 묘지'로 생각하지 마라. 보관소는 삶의 경험, 힘들게 얻은 교훈의 보고, 성공과 실패 모두에서 얻은 심오한 통찰의 전체 합을 대변한다. 나는 보관소가 미래의 노력을 재사용하고 재활용할 유용한 자료를 담는 곳이 될 것임을 보장한다.

새로운 프로젝트에 착수할 때, 개인적인 연말 평가를 할 때, 새로운 일자리를 위해 이력서를 업데이트할 때, 언제든 보관소가 시작점이 되어야 한다. 보관소는 승진이나 진급, 새로운 고객을 위한 피치, 대담한 신규 벤처 제안을 성공적으로 뒷받침하는 데 필요할 자료들을 담고 있다.

나 자신도 고객과의 전화 회의 메모, 산업 배경 조사, 디자인 영감을 위해 저장해둔 사진 등 과거의 유용한 자료들을 얼마나 자주 발견하는지에 대해 끊임없이 놀라고 있다. 이 모두는 나의 개인적인 '지식 자산'을 대변한다. 이런 지식 자산을 재사용하는 덕분에 나는 엄청난 양의 시간을 절약할 수 있을 뿐만 아니라 다른 모든 사람과 같은 출발선이 아닌, 중간 지점부터 마라톤을 시작하는 것처럼 느낀다.

주기적으로 PARA 시스템을 검토하고
필요한 부분을 변경하고 최적화하는
일은 쉽고 편리한 시스템 운영에
도움이 된다. 하지만 중요한 것은
여기에 너무 많은 시간과 에너지를
써서는 안 된다는 사실이다. 이 자체가
일이 되어서는 안 된다. 큰 부담 없이 할
수 있는 습관처럼 되어야 한다.

제2부

# 실행:
# PARA 활용하기

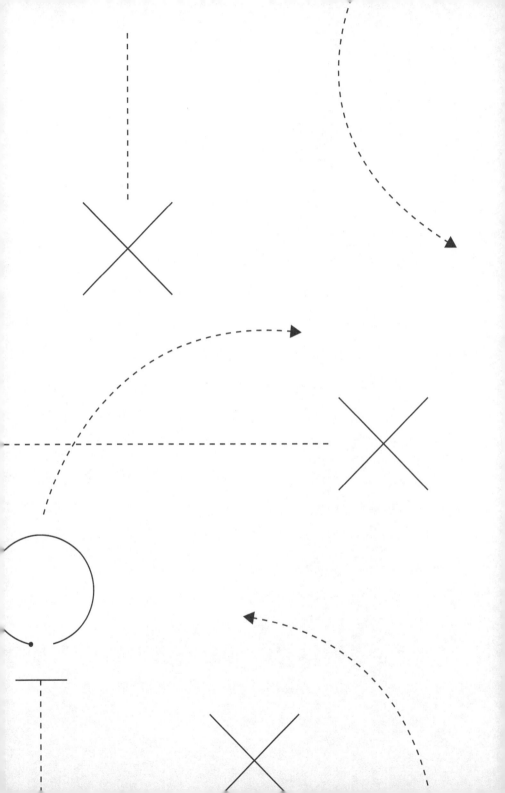

6장

프로젝트와 영역을 구분하는 법

20대 중반, 내가 처음으로 전문적인 일자리를 구하고 얼마 되지 않아 《쏟아지는 일 완벽하게 해내는 법》이라는 책을 보게 됐다. 경영진 코치이자 컨설턴트인 데이비드 앨런이 쓴 이 책은 개인의 생산성에 관해 원칙에 입각한 체계적 접근방식을 제시하고 있었다.

GTD Getting Things Done로 알려진 이 방식은 즉시 내가 일하는 방식에 극적인 영향을 미쳤다. 마치 엑스레이 안경을 쓴 것 같았다. 흘러 들어오는 정보를, 각 범주별로 정보를 쉽게 처리할 수 있게 설계된, 명확한 범주라는 관점에서 볼 수 있게 된 것이다. 데이비드 앨런은 다양한 정의와 구분을 제시했지만, 그중 가장 강력한 것은 아마도 '프로젝트'와 (책임) '영역' 사이의 구분과 정의일 것이다. 이 2가지는 매일 접하는 정보의 범주들 중에 가장 실행 가능한 것이고, 따라서 가장 중요하게 익혀야 할 범주이다.

하지만 나는 프로젝트와 영역의 구분이 혼란스럽고 불분명하다고 보는 이들도 많다는 걸 알아차렸다. 이들이 PARA 시스템 안에서 어떻게 작동하는지 볼 수 있는 렌즈를 통해 각 범주를 좀 더 자세히 살펴보기로 하자.

### 프로젝트:
# 마감일이 있는 목표

먼저 프로젝트를 살펴보자. 나는 프로젝트를 다음 2가지 항목이 포함된 어떤 노력으로 정의한다.

1. '완료'라고 표시할 수 있게 해주는 목표
2. 그 일을 끝내고자 하는 마감일 혹은 시간적 틀

목표란 단순히 '그 프로젝트로 달성하고자 하는 결과'이다. 목표는 성공적인 직원 야유회일 수도 있고, 웹사이트 재설계나 사랑하는 아이의 생일파티일 수도 있다. '완료' 표시를 할 수 있는, 당신이 현실 세상에서 실현하려고 노력하는 무언가 말이다.

마감일은 프로젝트의 목표 달성에 시간 제한을 더한다. 성공했는지 실패했는지 결코 알지 못한 채 언제까지나 노력을 계속하고 싶지는 않을 것이다. 외부에서 누군가 엄격하게 부과한 것이건, 스스로 비공식적으로 부과한 것이건, 일종의 마감 시점을 염두에 두고 있으면 '남은 시간 동안 얼마나 많은 일을 끝낼 수 있을까?' 하고 자문해볼 수 있다.

## 영역:
## 시간이 지나도 유지해야 할 기준

프로젝트가 중요하긴 하지만 모든 일이 프로젝트는 아니다. 일과 삶의 어떤 측면은 명확한 최종 목표나 마감일이 없다. 우리는 그런 것들을 '영역' 혹은 '책임 영역'이라고 부른다. 책임 영역은 다음 2가지 항목을 포함한다.

1. 유지해야 할 기준
2. 분명히 규정되지 않은 종료일

일과 연관된 영역에는 그것이 경영이건, 고객 서비스건, 재무 분

석이건, 전략이건, 코칭이건, 직속 부하직원 관리이건, 자문이건 상관없이 당신이 맡은 업무들이 포함된다. 개인적 삶에도 건강, 재무, 성장, 관계 등 당신이 살아있는 한 어떤 형태로든 지속될 책임 영역들이 있다. 하지만 이와 같은 모든 예시에는 달성해야 할 특정한 결과가 없다. 건강을 완성하거나, 전략을 완전히 끝내거나, 기업으로서 재무를 목록에서 지워 버릴 수 있게 해주는 결승선이란 건 존재하지 않는다.

영역에는 목표 대신 '유지하려고 노력하는 기준'이 있다. 예를들어 당신이 제품 개발을 지휘하는 등 업무의 한 영역을 책임지고 있다면, 책임지고 있는 제품에 대한 성과 기준 혹은 품질 기준이 있을 것이다. 거기에는 제품 속도나 성능을 업그레이드하고 버그를신속하게 해결하고 발표할 신규 업데이트를 승인하는 일 등이 포함될 수 있다.

개인 재무 영역에서 그 기준은 모든 공과금을 제때 납부하고, 가족에게 필요한 것을 마련하는 일일 것이다. 부모 역할 영역에서 그기준은 매일 저녁 자녀와 함께 소중한 시간을 보내고 아이들이 항상 사랑받고 보호받도록 하는 일일 것이다.

영역 유지는 진행 중인 과정이다. 영역을 유지하려면 각 영역에서 당신이 원하는 것과 빠뜨린 것을 감지할 수 있는 자기 인식과 신중함이 요구된다. 하나의 영역은 우리가 타야 할 상이라기보다는 즐기는 춤이라고 할 수 있다. 특정한 프로젝트를 넘어서는, 일상적인 습관과 의미 있는 의식, 영원한 가치의 영역이다.

## 프로젝트와 영역 구분하기

단순하게 표현하자면, 프로젝트는 끝나지만 영역은 끝없이 계속된다. 다음의 그림을 보자.

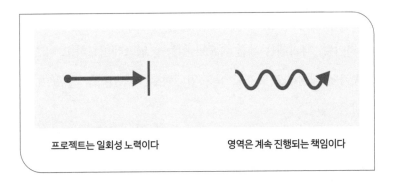

프로젝트는 일회성 노력이다        영역은 계속 진행되는 책임이다

하지만 당신이 깨달아야 할 몇 가지 중요한 세부사항이 있다. 모든 프로젝트는 대개 하나의 영역에 속한다는 것이다. 예를 들면 다음과 같다.

- 마라톤에 참가하는 것은 프로젝트이며, 건강 영역에 속한다.
- 책을 발간하는 것은 프로젝트이며, 글쓰기 영역에 속한다.
- 석 달 치 지출을 아끼는 것은 프로젝트이며, 재무 영역에 속한다.
- 결혼기념일 저녁을 계획하는 것은 프로젝트이며, 배우자 영역에 속한다.

프로젝트와 영역이 서로 연관돼 있긴 하지만, 이 2가지를 구분하는 일은 매우 중요하다. 이 구분에 실패하는 것이 우리에게 많은 절망과 어려움을 가져오는 근본 원인이다. 왜 그런지 예시를 들어보겠다.

만약 '책 쓰기'와 같은 프로젝트가 있는데 이를 특정한 목표나 결과를 염두에 두지 않고 계속 진행 중인 하나의 영역처럼 대한다면 목표나 방향을 잃은 것처럼 느껴질 것이다. 마찬가지로 '적정 몸무게 유지하기'처럼 영역에 포함되는 일을 그저 일회성 프로젝트로 다룬다면, 그 일을 장기적인 습관으로 만들지 않았기 때문에 한 차례 몸무게를 빼는 데 성공한다 해도 바로 되돌아갈 가능성이 높을 것이다.

달리 말하자면 프로젝트와 영역은 성공하기 위해 필요한 접근 방법과 사고방식, 도구가 완전히 다르다. 어떤 것을 사용해야 할지 아는 일은 먼저 정확하게 그 둘을 구별하는 일에서 시작된다.

# 단거리 경주와 마라톤의 차이

프로젝트와 영역을 달리기에 비유해보자면, 프로젝트는 단거리 경주이고 영역은 마라톤이라고 볼 수 있다. 단거리 경주라면 가능한 한 빨리 결승선에 도달하려고 전력으로 질주해야 한다. 마라톤이라면 긴 거리를 달리면서 일관된 수준의 성과를 유지해야 한다.

나는 사람들마다 삶을 이끌어나가는 방식에 있어 프로젝트와 영역 중 하나를 더 선호하는 경향이 있음을 알아차렸다. 당신에게는 다음에 나오는 묘사 중 어떤 것이 더 익숙하게 들리는가?

먼저 '프로젝트형 인간'은 단거리 경주에 강하다. 그들에게 명확한 목표와 거기에 도달하는 경로를 제시해보라. 자신이 가진 모든 것을 활용해서 그 목표를 맹렬하게 좇을 것이다. 하지만 단거리 주자의 약점은 일단 목표에 도달하면 종종 이를 계속 유지하기 어려워한다는 데 있다. 그들은 많은 일을 시작하고, 짧은 기간 동안 그것에 집착하다가, 갑작스럽게 다른 것으로 관심과 주의를 옮겨가는 경향이 있다.

반대로 '영역형 인간'은 마라톤에 뛰어나다. 긴 여정으로 그들을 보내보라. 시간이 얼마가 걸리건 끈덕지게 그 일을 계속할 것이다. 마라토너의 약점은 방향을 바꿔야 할 때 종종 어려움을 겪는다는 데 있다. 신속하고 결단력 있는 행동을 요구하는 기회가 생겼을 때 일부 마라토너들은 그렇게 하는 것이 더 이상 말이 되지 않을 때까지 현재 방향을 고집스럽게 유지하곤 한다.

프로젝트와 영역의 렌즈로 삶을 보면 양쪽 모두가 필요하다는 사실이 매우 명료해진다. 새로운 무언가의 속도를 높이기 위해서는 단거리 경주가, 그 일을 유지하기 위해서는 마라톤이 필요하다. 프로젝트는 새로운 일을 시작하는 흥분과 참신함을 가져다주는 반면, 영역은 성공을 하건 못하건 상관없이 하루 일과가 끝났을 때 당신이 원하는 마음의 평화와 관점에 대한 감각을 갖게 해준다.

PARA는 프로젝트를 실행하고 영역을 유지하는, 양쪽 모두를 위한 지원 시스템이다. 디지털 라이프의 정리 방식을 추천할 때 이들 두 범주가 가장 중요한 위치를 차지하는 이유이다.

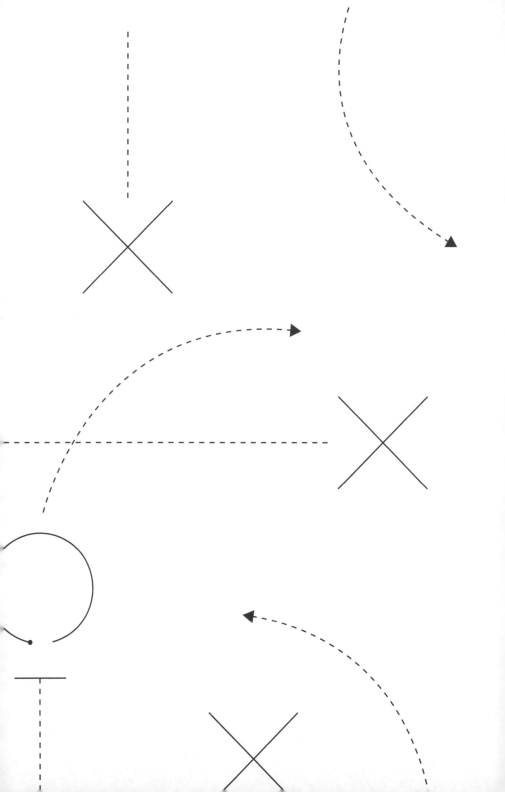

7장

**영역과 자원을 구분하는 법**

PARA에서 두 번째로 중요한 구분은 가운데 글자인 A와 R이 나타내는 영역과 자원의 구분이다. 처음 보면 둘은 매우 비슷해 보일 수 있다. 특히 '비영리기관 자금 조달' 혹은 '영양학 연구조사'와 같은 주제들이 영역과 자원 양쪽 중 어디에나 존재할 수 있다는 점을 감안하면 말이다.

영역과 자원의 구분은 '정보가 속한 범주'가 '당신에게 무엇을 의미하는가'에 달려 있다. 가령 당신이 몇 시간의 강의를 맡고 있으면서 연구 결과도 발표하는 공공보건학 교수라면 '영양학 연구조사'는 명백하게 중요한 책임 영역일 것이다. 하지만 대학생으로 다른 학과에서 인류학을 전공하면서 영양학에 부차적인 관심을 가지고 있는 사람이라면 그 정보는 자원이 될 것이다.

여기서 핵심은 '직접 책임을 지는 것'과 '그저 관심을 가지고 있는 것' 사이에 큰 차이가 있음을 깨닫는 것이다. 나는 전자가 후자보다 더 중요하다는 사실을 내 자신에게 끊임없이 상기시키기 위해, [영역] 폴더의 제목은 대문자로 표기하고 [자원] 폴더의 제목은 소문자로 표기한다.

이 두 범주 사이의 혼란은 자칫 수많은 마찰과 에너지 낭비를 가져올 것이다. 사례를 몇 가지 살펴보도록 하자.

## 영역:
## 당신이 맡은 역할이자 쓰고 있는 모자

영역은 일정한 수준의 품질이나 성과를 유지하기 위해 지속적인 관심을 요구하는 부분들이다. 간단히 이들을 업무와 삶에서 당신이 '맡은 역할'이나 '쓰고 있는 모자' 정도로 생각하는 편이 유용할 것이다.

직장에서 당신은 홍보영상 제작, 법무 상담, 고객 서비스와 같이 회사와 협의된, 공식적인 역할을 맡고 있을 수 있다. 또 회사 뉴스레터, 멘토링, 직원 야유회처럼 시간이 지나면서 맡게 된 비공식적인 책임도 맡고 있을 수 있다.

개인적인 삶도 마찬가지다. 하루가 지나는 과정에도 우리는 배우자, 부모, 축구 코치, 이웃, 친구 등 다양한 모자를 쓰게 된다. 이 역할들은 더 비공식적인 경향이 있긴 하지만, 거기에는 여전히 유지해야 할 책임 수준이 따른다. [배우자] 폴더에는 배우자가 좋아하는 식당, 선물 아이디어, 응급 상황에 필요할지 모르는 건강 정보 등에 관한 메모가 들어 있을 수 있다. [축구 코치] 폴더에는 훈련, 연습 스케줄, 연락처를 포함한 팀 선수 명단이 들어 있을 수 있다. 역할을 효과적으로 완수하기 위해서 참조하거나 기억할 필요가 있는 것은 무엇이건 적어둘 가치가 있다.

## 자원:
# 개인적인 관심사, 호기심, 열정

자원은 어떤 주어진 시점에 관심이나 궁금증, 열정의 대상이 될 수 있는 다양한 것들을 아우른다. 여기에는 브레이크 댄스나 사진, 골프처럼 당신이 배우고 있는 새로운 기술이 포함될 수 있다. 부모 역할, 암호화폐, 인공지능처럼 당신이 궁금해 하는 분야나 트렌드가 포함될 수도 있다. 목공, 빵 만들기, 피아노처럼 좀 더 즐거운 취미나 열정의 대상인 것들도 포함될 수 있다.

비록 당신이 이러한 분야를 추구하는 데 가진 열의가 높다고 해도 매우 구체적인 이유로 나는 '자원'이라는 비교적 차가운 단어를 사용할 것을 추천한다. 나 역시 더 알고 싶은 다양한 주제가 수백 개까지는 아니라도 적어도 십여 개에 달하는, 태생적으로 호기심이 많은 사람이다. 하지만 너무 많은 것을 수집하면서 '디지털 호더digital hoarder'가 되려는 내 성향 역시 알고 있다. 따라서 나는 어떤 것이 저장할 가치가 있는지 없는지를 스스로 상기하려면 제약이 필요하다는 사실을 알게 됐다.

'자원'이라는 단어는 정보가 가지는 '유용성'에 대한 고민을 불러일으킨다. '이것이 흥미로운가?'라는 질문은 언제나 과도한 수집으로 이어지는 만큼, 그 대신 '이것이 유용한가?'라는 질문을 스스로에게 던져본다. 이 질문은 훨씬 높은 기준을 제시하며, 이 정보가 다른 방법으로는 할 수 없는 일을 하게 해주는지, 문제를 해결하도록 도와주는지, 어떤 장애물을 넘도록 도와주는지 고민해보게 만든다.

유용함의 중요성을 고려한다면 자원에는 개인적인 취미 활동 외에 언젠가 도움이 될 수도 있는 참고용 이미지나 샘플용 자료, 광고계 사람들이 영감을 얻기 위해 마케팅 사례들을 모아두는 '스와이프 파일swipe file'과 같은 '자산'도 포함될 수 있다.

# 자원은 공유할 수 있지만 영역은 사적이다

영역과 자원에 들어갈 것을 구분할 때, 많은 사람이 유용하다고 보는 추가적인 지침이 있다. 바로 사적인 정보와 공유되는 정보 사이의 경계이다.

영역은 본질적으로 사적인 것들이다. '건강'이나 '재무', '개인적 성장', '자녀'와 관련해 어떤 자료를 저장하건 이는 다른 사람이 상관할 바가 아니다. 예를 들어 나는 [영역] 폴더 안의 [건강] 폴더에 혈액검사 결과, 병원 외래 방문 메모, 의료비 청구서, 백신 접종 기록(모두 오로지 나와만 관련이 있다)을 보관한다. 내가 원한다면 언제나 개별적인 항목을 다른 사람들과 공유할 수는 있지만, 이들 범주는 기본적으로 사적 영역으로 유지돼야 한다.

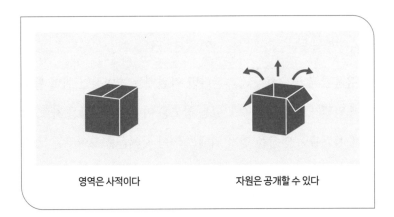

영역은 사적이다                 자원은 공개할 수 있다

새로운 것을 배우고 탐색하는 일은 본질적으로 사회 활동인 만큼 자원은 상당히 다르다. 쓰고 있는 글에 대한 피드백을 얻기 위해서, 동료와 함께 배우는 기술에 대한 필기 자료를 서로 비교해보기 위해서, 당신이 가본 적 있는 도시를 방문하는 친구에게 식당을 추천해주기 위해서 등 다른 누군가와 메모를 공유하고 싶을 만한 상황은 많다. 따라서 [자원] 폴더를 '기본적으로 공유할 수 있는 폴더'로 생각할 것을 추천한다. 그럴 경우 어떤 자료에 내 개인적인 사항이 포함되어 있는지 살펴볼 필요 없이 즉석에서 다른 사람과 개별 문서, 혹은 전체 폴더까지도 공유할 수 있다.

## 자신에게 온전히 정직해질 기회

코칭을 하면서 나는 종종 사람들이 운동이나 식이요법, 인간 관계, 정신 건강처럼 자신의 삶에서 심각하게 중요한 측면은 외면하면서, 동시에 '부가적인 관심사'라고 표현하는 것에는 엄청난 시간과 노력을 쏟아 부을 거라는 걸 눈치 챌 때가 있다.

우리 모두 그랬던 적이 있다. 삶의 어떤 영역은 너무도 복잡하고, 불확실하고, 도전적이어서 우리는 그 일을 잠시 잊어버리기 위해 다른 무언가에 열을 올린다. 시급한 문제에서 흥미로운 새 취미나 연구 주제로 관심을 돌리는 일은 처음에는 기분 좋게 느껴진다. 그 '새로운 것'은 우리가 이해하고, 익히고, 눈에 보이는 진전을 이룰 수 있는 일 같기만 하다.

하지만 이런 이야기의 끝은 항상 같다. 삶의 중요한 영역을 무시해온 만큼, 그 비용과 영향이 쌓여가기 시작하다가 어느 날 댐이 무너지는 것이다. 그리고 그 파편들을 수습해야 한다. 이런 경험은 종종 악순환이 반복되도록 만든다. 잠깐의 달콤함이 부른 결과물은 그만큼 고통스럽다.

어떤 면에서 영역과 자원 사이의 경계선은 자기 자신에게 완벽하게 정직해질 수 있는 기회이다. 당신 외에는 누구도 당신을 위해 관리해주지 않을, 책임이라는 원 안에는 무엇이 있는가? 그리고 그 바깥에는 무엇이 있는가? 어떻게 하면 이 기회를 삶의 어떤 영역에 더 많은 관심을 기울여야 하는지 자기 자신에게 더 정직해지는 데 활용할 수 있을까? 그리고 그 영역을 뒷받침할 수 있게 디지털 환경을 정리할 수 있을까?

영역과 자원 사이의 구분이 특히 어렵다고 느껴진다면, 혹시 자기 자신에게 솔직하지 못한 부분이 있는 것은 아닌지 돌아볼 필요가 있다. 영역은 자기 자신에게 중요한 정보들이 저장되는 곳이다. 그곳이 너무 비어 있지는 않은가? 삶의 어떤 영역에 더 많은 관심을 기울여야 하는지에 관해 스스로에게 정직해져보자.

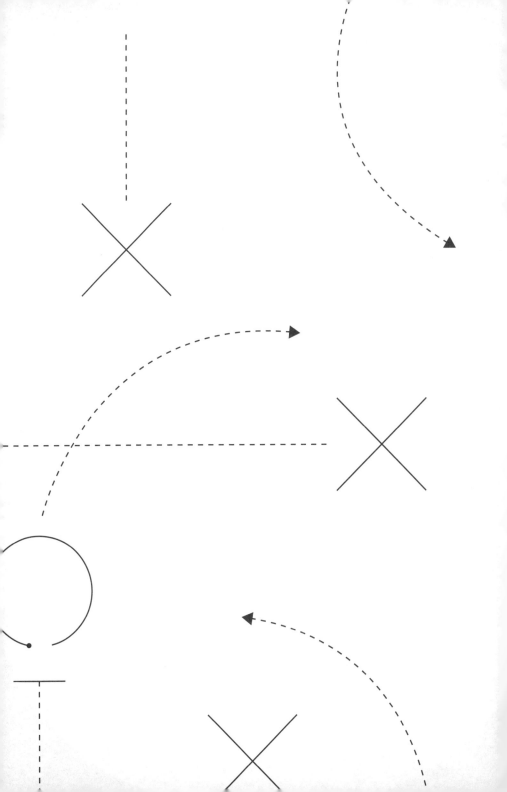

8장

PARA를 동일하게 확장하는 법

PARA의 핵심 기능 중 하나는 보편성이다. 정보를 저장할 수 있는 모든 플랫폼과 저장하고 싶은 모든 종류의 정보에 사용할 수 있고, 모든 기기에서 이용할 수 있다.

나는 정리를 가장 잘하는 사람들도 때로는 치명적인 실수를 저지른다는 사실을 알아차렸다. 정보를 보관하는 각각의, 그리고 모든 장소에 서로 다른 정리 시스템을 활용하는 것이다. 해야 할 일 목록은 이런 방식으로 정리하고, 컴퓨터는 저런 방식으로, 클라우드 저장은 또 다른 방식으로, 메모 앱은 또 다른 방식으로…… 무슨 말인지 이해할 것이다.

이런 상황에는 문제가 있다. 모든 정리 시스템에는 '간접비용'이 들기 때문이다. 바로 시스템을 유지하고 활용하는 데 필요한 특정한 양의 인지적 노력이다. 각각의 다른 정리 방식이 개별적으로는 합리적이라 할지라도, 합쳐지면 세상에서 가장 똑똑한 사람도 견딜 수 없는 치명적인 정신적 부담을 만들어낸다.

이와 대조적으로 PARA는 모든 곳에서 실행될 수 있는 '하나의 시스템'이라는 의미에서 '플랫폼 애그노스틱platform agnostic'ˇ이다. 여기에는 다음과 같은 것들이 포함된다.

- 해야 할 일 목록 앱
- 컴퓨터 파일 시스템(혹은 문서 폴더)
- 클라우드 드라이브
- 디지털 메모 앱
- 정보가 저장되는 다른 플랫폼

이런 보편성 덕분에 당신이 사용하는 모든 플랫폼에 똑같은 PARA 폴더를 '확장'할 수 있다. 다음의 표를 살펴보자.

· · · ·

ˇ 플랫폼에 구애받지 않는 시스템이라는 의미의 정보통신기술 용어

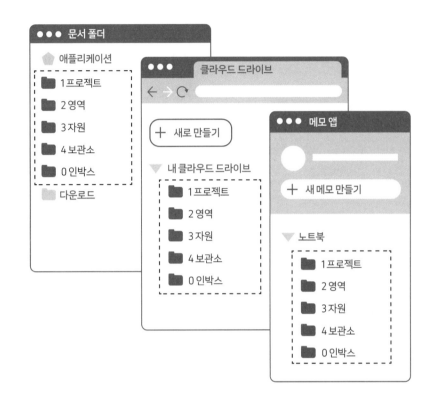

이 사실이 중요한 이유는 이것이다. 대부분의 경우 일을 하고 삶을 살려면 플랫폼을 여러 개 사용할 수밖에 없다. 진행 중인 대부분의 프로젝트와 관리 중인 영역에 수반되는 콘텐츠의 종류는 서로 다를 것이며, 각 콘텐츠는 가장 적합한 플랫폼에 저장돼야 한다. 예를 들어, 응급 산업에 관한 연구 보고서를 발표하려고 한다면 당신이 의존하는 데이터는 스프레드시트에, 유명 제품의 사진은 사진

앱에, 해당 분야 전문가와의 대화 메모는 메모 앱에, 산업 출판물 PDF는 문서 폴더에, 고려중인 다음 단계 업무의 목록은 해야 할 일 목록 앱에 저장해 두었을 가능성이 있다.

현대인의 활동이 다양해짐에 따라 기술은 그러한 필요를 충족시키는 방향으로 빠르게 진보하고 있다. 그런 흐름과 싸우면서 '모두를 지배할 하나의 앱'을 찾는 대신 필요한 만큼, 원하는 대로 적정 수의 앱을 활용하면서 각각의 앱에서 모두 '같은 구조'를 복제하라. 나는 폴더명과 그 앞에 붙는 이모티콘이나 대문자 표기까지 정확하게 똑같이 복제함으로써 플랫폼 사이에서 가능한 한 매끄럽게 정신적인 전환이 이루어지도록 한다. 이 방식은 정보와 관계를 맺는 방식에서 일체감과 일관성을 희생하지 않으면서 사용하고 싶은 각 플랫폼의 독특한 역량을 활용할 수 있게 해준다.

PARA는 사용하는 모든 플랫폼에서 당신의 삶의 구조를 완벽하게 모방한다. 사용하게 된 도구의 설정과 조언에 삶을 억지로 끼워맞추는 대신, 오히려 그 반대로 행동할 것을 권고한다. 삶과 일에 어떤 질서를 가져오고 싶은지를 결정하라. 그런 다음 그 도구들이 어떻게 이를 뒷받침해줄 수 있을지 물어보라.

# 아이템을 저장할 장소를 알아내는 방법

다수의 플랫폼에 똑같은 PARA 범주를 가지게 된 만큼, 그다음에 나올 질문은 명백하다. 각 아이템을 어떤 플랫폼에 저장해야 할지 어떻게 알 수 있을까? 나는 정보를 어떤 디지털 저장 매개체에 저장하는 것이 최선인지 알려주는 다음 경험 법칙을 활용한다.

1. 특정한 시간에 벌어지는 약속이나 회의라면 캘린더 앱에 기입한다.
2. 언제든 끝낼 수 있는 과제라면 해야 할 일 목록 앱으로 보낸다.
3. 시각적 이미지가 아닌 단순 텍스트라면 정보를 다시 찾을 수 있는 검색 기능을 제공하는 메모 앱으로 보낸다.
4. 다른 사람과 협업할 콘텐츠라면 공유하기 편리한 클라우드 드라이브로 보낸다.˅
5. 용량이 너무 크거나 특수한 유형의 파일이어서 4가지 장소 중 어디에도 갈 수 없다면 컴퓨터 파일 시스템의 문서 폴더로 보낸다.

. . . .

˅  당신이 만들거나 클라우드 드라이브에 업로드한 모든 문서는 대부분의 경우 클라우드 내부에서 PARA를 이용해 정리할 수 있다.

앞에서 언급한 플랫폼 중 다음의 4개는 모두 PARA를 이용해 정리돼 있음에 유의하라.

- 해야 할 일 목록 앱(이들과 연관된 과제가 있는 2개 범주인 프로젝트와 영역만)ˇ
- 메모 앱
- 클라우드 드라이브
- 컴퓨터 파일 시스템

앞의 기준에 예외가 하나 있다. 민감한 정보, 예를 들어 세금 관련 서류, 신용카드 세부 명세, 개인 의료 정보, 암호 등을 저장하고 싶다면, 나 외에는 누구도 접근할 수 없도록 암호화된 관리자 앱에 저장해야 한다는 것이다.

· · · ·

ˇ 과제는 대개 프로젝트의 일부지만, 때로는 하나의 영역에 속하면서 특정한 프로젝트의 일부는 아닌 '자유롭게 떠다니는' 과제가 있을 수 있다. 예를 들어 '웹사이트 오타 바로잡기'는 '웹사이트' 영역의 일부로 독립적으로 존재한다.

"약속이나 회의인가?"

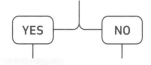

캘린더 앱

"과제인가?"

해야 할 일 목록 앱

"텍스트인가?"

메모 앱

"협업을 위한 콘텐츠인가?"

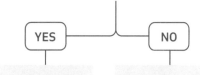

클라우드 드라이브          컴퓨터 파일 시스템

# 교차 플랫폼 시스템의 이득

이쯤 되면 어떤 사람들은 궁금해 할 것이다. "정말로 서로 상응하는 똑같은 폴더를 모든 플랫폼에 만들어야 하는 거야?" 그리고 대답은 결코 아니라는 것이다!

첫째, 무언가 넣을 것이 있을 때에만 플랫폼에 폴더를 만들어야 한다. 그렇게 하지 않으면 결국 아무 성과도 없이 업무 공간을 채우는 텅 빈 폴더의 미로를 만들게 될 뿐이다. 새로운 폴더를 만드는 데는 몇 초밖에 걸리지 않는 만큼 필요한 때에 필요한 경우에만 폴더를 만들어야 한다.

둘째, 어떤 범주 내의 상응하는 폴더들이 여러 개의 플랫폼에 걸쳐서 존재해야 할 이유는 전혀 없다. 예를 들어 내 화상회의 기록은 컴퓨터의 [자원] 폴더에 자동으로 저장된다. 하지만 그 외에는 다른 어떤 곳에도 [화상회의 녹화] 폴더는 필요 없다. 정보의 범주 중에서 오로지 한 플랫폼에만 존재할 수 있는 것은 수없이 많다. 오로지 프로젝트를 진척시키기 위해 필요한 경우에만 이들을 여러 플랫폼으로 확장하라.

정보를 저장할 서로 다른 장소에 같은 폴더들을 직접 만드는 일이 시간 낭비처럼 보일 수 있다는 걸 안다. 여기에는 약간의 추가적인 노력이 들지만 그 대가로 엄청난 이득을 얻을 수 있다. 바로 하나의 플랫폼에 갇히지 않는다는 것이다.

언젠가 대형 통신회사를 위해 중요한 컨설팅 프로젝트를 진행하고 있던 중에 갑작스레 우리가 이용하던 프로젝트 관리 플랫폼이 멈췄다. 이 플랫폼을 인수한 대형 기술기업이 사전 경고도 없이 제품의 운영을 중단하기로 결정한 것이었다. 내 프로젝트와 영역은 이미 특정 소프트웨어 프로그램과는 독립적으로 존재하고 있었기 때문에 우리 팀의 나머지 사람들이 혼란에 빠져 있는 동안 나는 몇 분 안에 새로운 플랫폼으로 전환할 수 있었다.

생산성 소프트웨어의 지평은 항상 바뀌지만 그렇다고 정리 방식도 그래야 한다는 의미는 아니다. 당신이 의존하는 어떤 기능이 작동을 멈추거나, 어떤 플랫폼의 정책이나 가격이 예기치 않게 변경된다 해도 이는 오로지 하나의 플랫폼에만 영향을 미친다. PARA와 함께라면 위험이나 취약성이 미치는 영향은 디지털 라이프의 한 부분에만 한정되며, 다른 모든 부분까지 연쇄적으로 마비시키지는 않는다.

PARA가 교차 플랫폼 시스템인 이유는 단순하다. 당신의 프로젝트가 교차 플랫폼 프로젝트이기 때문이다. 하나의 프로젝트를 끝낼 때까지 하나의 앱만 사용하는 경우는 드물 것이다. 이용해야 하는 정보가 여러 장소에 저장되어 있다 해도 PARA는 그 정보를 한데 묶을 효율적인 방법을 제공한다.

소프트웨어 도구들이 서로 조화를 이루면서 일하는 만큼, 소프트웨어 도구의 다양성이 문제가 되지 않는다면 어떤 일이 가능할지 상상해보라. 마음대로 이용할 수 있는 모든 도구가 당신을 앞으로 나아가게 하고, 창조하고 싶은 미래로 가는 경로를 수월하게 만들어준다면 당신의 일은 어떻게 변하겠는가?

PARA의 핵심 기능 중 하나는
보편성이다. 당신은 저장하고 싶은
모든 종류의 정보를 저장할 수 있고,
정보를 저장할 수 있는 모든 플랫폼,
모든 기기를 제한 없이 이용할 수 있다.

마음대로 이용할 수 있는 모든 도구,

모든 정보가 당신의 손 안에 있다.

무한대로 확장되는 PARA가 당신의

가능성 역시 무한대로 확장하는 것이다.

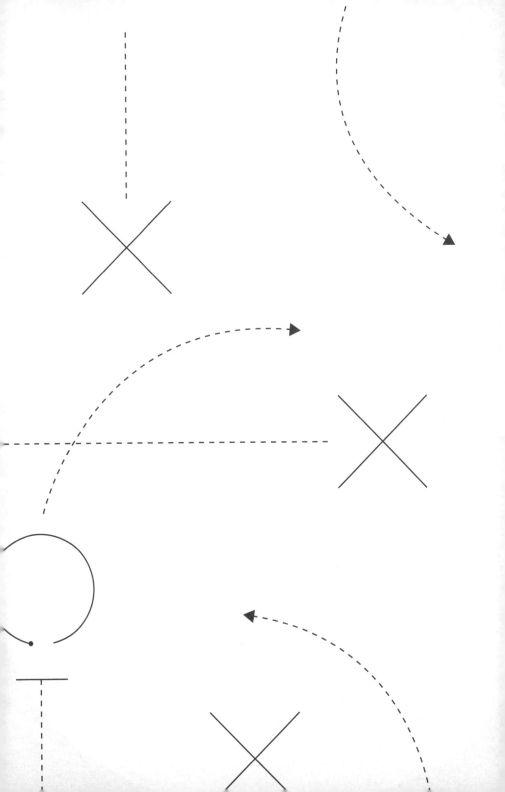

9장

정보가 계속해서 흐르게 하라

사람들이 PARA의 힘을 발견하기 시작하면서 가장 흔히 묻는 질문 중 하나는 미래에 관한 질문이다.

"이 시스템을 계속 유지하기 위해서 제가 해야 할 일은 무엇인가요?"

그리고 여기가 PARA가 진정으로 빛나는 지점이다. 답은 '할 일이 별로 없다'는 것이기 때문이다.

PARA에 저장할 수 있는 정보 형식에 관해서는 엄격한 규칙이 없다. 정보는 텍스트 문서일 수도 있고, 이미지나 PDF, 오디오나 비디오 파일, 슬라이드 프레젠테이션, GIF, 혹은 어떤 다른 형식일 수도 있다. 저장하는 아이템의 이름을 붙이는 방식에도 규칙이 없다. 그것이 무엇인지 기술하는 간단한 제목이면 충분하다.

많은 시간을 낭비할 수 있는 작업인 폴더의 내부 정리에 관한 규칙도 없다. 원한다면 PARA의 하위 폴더에서 내용물을 만들어진 날짜별로 분류할 수는 있지만, 그런 일은 당신이 관여하지 않아도 컴퓨터가 쉽게 처리할 수 있다.

그렇다면 우리가 할 일 중에 남은 것은 무엇일까? 답은 '정보가 계속 흘러 다니도록 만들어야 한다'는 것이다.

PARA는 규칙적인 유지 보수가 필요하고 매우 정밀한 자동차 엔진처럼 기계적인 시스템이 아니다. 오히려 연못이나 숲과 같이 유기적인 시스템에 가깝다. 물이 흐르지 않으면 연못이 정체되고 냄새가 나기 시작하는 것과 마찬가지로 담고 있는 지식이 흐르기를 멈춘다면 PARA 시스템은 곧 쓸모가 없어지고 관련성을 잃게 될 것이다.

## PARA 내부의 정보 흐름

정리에 접근하는 방식은 대부분 정적이다. 사람들은 어떤 정보가 가야 할 정확한 장소가 한곳이라고 가정한다. 가령 도서관에서 볼 수 있는, 정밀한 기록번호가 있어서 각각의 책이 '정확하게' 어느 책장의 어디로 가야 하는지 말해주는 듀이십진분류법 시스템을 기억할 것이다.

하지만 디지털' 정보의 개인적인' 정리 문제에서 '정확한' 장소
란 없다. PARA는 역동적인 시스템이다. 주어진 파일이나 문서는
여러 장소에 갈 수 있다. 중요한 것은 그 정보와 당신의 '관계'다. 그
리고 그 관계는 항상 변화하고 있다.

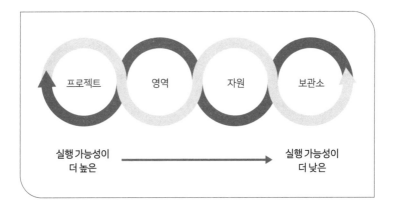

이를 이해하기 위해 어느 날 저녁 효과적인 코칭 기술에 관한 기
사를 읽고 가장 좋았던 몇 부분을 발췌해 메모 앱에 저장했다고 상
상해보자. 하지만 당신은 업무적으로 지금 당장 다른 사람을 코칭
하는 방법에 대한 조언이 즉각적으로 필요하지는 않다. 따라서 당
신은 미래의 어느 시점에 참조하려고 그 메모를 [코칭]이라고 이름
붙인 [자원] 폴더에 넣고 치워버린다. 그런데 다음 해에 회사에서

상급자로 승진하게 됐고, 그로 인해 관리해야 할 직속 부하직원이 몇 명 생겼다. 눈 깜짝할 사이에 지식의 전체 범주가 갑자기 실행 가능한 것이 된다.

이 새로운 역할을 반영하기 위해 PARA 시스템에 몇 가지 중요한 조치를 취할 수도 있다. 코칭 기술에 관한 메모를 [코칭]이라는 [자원] 폴더에서 [부하직원 관리]라고 불리는 새로운 [영역] 폴더로 옮길 수 있다. 당신은 지금 당신의 관심을 좀 더 자주, 그리고 더 많이 받을 수 있도록 그 지식을 진급시킨 것이다.

거기서 또 몇 년이 더 지났다고 상상해보자. 당신은 다시 한번 선임 경영진의 역할로 진급했다. 지식의 지형은 다시 한번 새롭게 배치된다. 이번에는 당신이 배운 것을 회사 내의 새로운 관리자 모두에게 가르치기 위해 경영진 교육을 고안하는 책임을 맡게 될 수도 있다.

이제 [부하직원 관리]라는 이름으로 [영역] 폴더에 들어 있던 내용물은 [경영진 교육 워크숍]이라 불리는 새로운 [프로젝트] 폴더로 흘러갈 수 있다. 그 내용물이 담고 있는 지식이 지금은 최초로 워크숍을 실시한다는 단기 목표와 관련성이 가장 높기 때문이다. 편안하게 책을 읽던 몇 년 전 어느 저녁에 수집한 통찰과 아이디어가 수면 위로 거품을 일으키며 떠오르더니 당신의 가장 시급한 도전과제와 연관성을 가지게 된 것이다.

마지막으로 몇 년의 세월이 더 지나 당신이 회사를 그만두고 직접 사업을 시작하기로 결정했다고 상상해보라. 당분간은 관리할 직원이 있을 거라고 기대하지 않기 때문에 [경영진 교육 워크숍]이라는 이름으로 [프로젝트] 폴더에 저장했던 메모들은 더 이상 실행 가능성이 없다.

그렇다고 해당 정보를 삭제할 필요는 없다. 그저 보관소로 옮기면 된다. 사업이 좀 더 안정화되고 규모가 커져 직원을 고용하는 날이 왔을 때, 그 지식은 한 사람의 경력만큼의 가치가 있는 지혜를 뽑어낼 준비를 한 채 휴화산처럼 기다리고 있을 것이다. 그때가 되면 이 자료는 다시 프로젝트가 되어 활성화된다.

삶에서 발생한 어떤 사건이 우리가 세운 우선순위의 지형을 완전히 바꿔놓기에 충분하다는 사실이 이제 보이는가? 그 시점이 되면 '조사를 더 많이 수행할' 시간 따위는 없다. 독서와 메모를 통한 조사를 '이미 해두었어야' 하는 것이다. PARA의 내용물은 필요와 목표, 라이프스타일, 우선순위가 바뀌면서 다양한 범주 사이를 끊임없이 이동하고 있다. 정보를 없애는 대신 현재 시점에 맞추어 이동하고 업데이트한다면 마침내 다가온 필요의 순간, 이미 준비된 자신을 발견할 수 있을 것이다.

# 정보가 계속 흘러 다니게 하라

텍스트이건, 사진이건, 디지털 메모이건, 문서로 가득 찬 폴더 전체이건 상관없이, 특정한 정보가 PARA의 여러 범주 사이를 흘러 다닐 수 있는 상황을 보여주는 또 다른 사례가 있다.

1. **프로젝트에서 영역으로:**

   마라톤(프로젝트)을 준비하려고 활용했던 훈련 계획이 루틴으로 삼고 싶을 만큼 유용할 수 있다. 그 계획이 삶의 지속적인 일부로 남을 수 있도록 [운동]이라고 부르는 새로운 [영역] 폴더를 만들어 그곳으로 옮길 수 있다.

2. **영역에서 프로젝트로:**

   만약 조직 내에서 경영의 수준을 높일 때라고 결정했다면(그 일은 아마도 일회성 프로젝트를 요구할 것이다) 작업을 시작할 완벽한 지점은 [경영]이라는 [영역] 폴더에 수집해 둔 아이디어일 것이다. 새로운 프로젝트는 종종 기존의 영역에서 등장한다.

3. **영역에서 자원으로:**

   때로 도시의 이벤트 장소 목록처럼 처음에는 당신에게만 관련된다고 생각했던 정보가 다른 사람에게도 가치를 제공할 수 있다는 사실을 깨달을 때가 있다. 그 정보를 영역에서 자원으로 옮기면 그곳에서 공유할 준비가 될 것이다.

**4. 자원에서 영역으로:**

건강과 영양 섭취를 개선하려고 집에서 요리를 더 많이 하겠다는 결심을 했다고 해보자. 시작을 위한 완벽한 방법은 [레시피] 자원 폴더에서 만들기 쉬운 레시피 몇 가지를 골라 [요리] 영역 폴더로 옮기는 일일 것이다. 그러면 인터넷에서 '조사를 더 많이 하느라' 정신이 산만해질 필요 없이 신속하게 시작할 수 있다.

**5. 영역과 자원에서 보관소로:**

프로젝트가 완료되거나 중지됐을 때 보관소로 옮기는 방법은 이미 논의한 바 있다. 영역과 자원의 경우도 마찬가지다. 조류 관찰이나 체스, 주짓수, 모터사이클 수리에 관한 관심을 잃는다 해도 모든 콘텐츠를 삭제할 필요는 없다. 다시 의미가 생길 때를 대비해 보관소로 옮기기만 하면 된다.

**6. 보관소에서 프로젝트로:**

새로운 산업에서 회사의 사고적 리더십을 구축하기 위해 콘퍼런스를 개최하고 싶다고 상상해보자. 콘퍼런스를 위한 계획과 자료 중 많은 부분이 비슷하며, 저장해두었다면 재사용이 가능하다. 과거에 당신이 조직했던 전문적인 행사를 검색해보라. 과거의 모든 지식을 재사용하기 위해 거기서 발견한 유용한 자료를 신규 프로젝트 폴더로 옮길 수 있다.

마지막으로 유의해야 할 사항이 있다. 나는 메모와 파일을 대량으로 한 장소에서 다른 장소로 옮기는 편을 선호하지만, 사실 기존 정보를 새로운 범주와 연관 짓는 방법에는 다음 4가지의 선택지가 있다.

1. 단일 아이템 옮기기(아이템 하나만 새로운 프로젝트와 연관될 경우)
2. 아이템으로 가득 찬 폴더를 통째로 옮기기(아이템의 전체 그룹이 연관성 있는 경우)
3. 아이템 2개를 함께 링크하기(원래 아이템을 지금 있는 곳에 계속 보관하고 싶은 경우)˅
4. 여러 아이템을 같은 태그로 태깅하기(아이템을 이동하지 않고 여러 아이템을 연관 짓고 싶은 경우)

어떤 경우에도 피하라고 권하고 싶은 유일한 행동은 중복이다.

· · · · ·

˅ 대부분의 디지털 메모 앱과 파일 저장 플랫폼에서는 '링크'를 만들 수 있다. 동일한 플랫폼에 있는 문서 간에는 물론 심지어 서로 다른 플랫폼에 있는 문서 간에 링크를 만드는 기능을 이용할 수도 있다.

하나의 파일이나 문서를 2개의 버전으로 보관하는 일은 절대적으로 피하는 것이 좋다. 어떤 것이 가장 최신 버전인지 결코 알 수 없기 때문이다.

정보를 계속 흐르게 하는 목적은 당신 자신을 계속 움직이게 하는 데 있다. 주변의 정보가 끊임없이 흐르고 변할 때, 새로운 관점에서 문제를 보고 수렁에 빠지는 일을 피하기가 훨씬 쉽다. 심지어 프로젝트를 시작했다는 사실을 깨닫기도 전에 프로젝트가 진행되고 있다는 걸 알게 될 수도 있을 것이다.

오늘날 세계에서 일어나는 변화만큼
변함없는 것은 없다. 정보에 관해
고착된 사고방식을 강요하는 엄격한
시스템을 피해야 할 이유다.
PARA는 태생적으로 유연한
시스템이다. 정보의 수집 이유 자체가
그 시점의 목표 달성, 실행 가능성을
염두에 두고 있기 때문이다. 이 점을
유념하자.

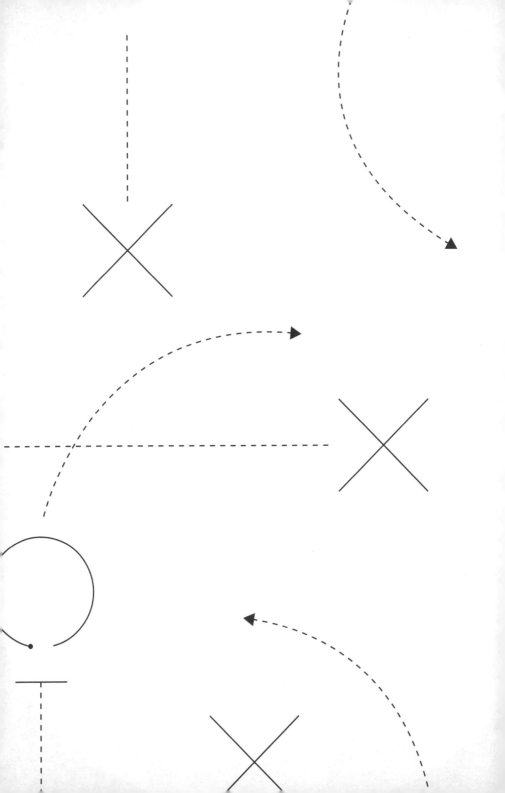

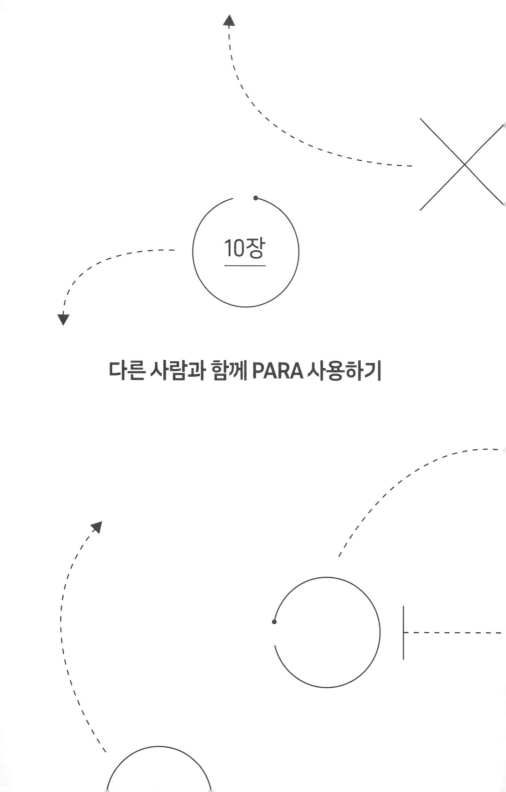

10장

다른 사람과 함께 PARA 사용하기

우리의 디지털 세계는 다른 사람들의 디지털 세계와 끊임없이 충돌하며 서로 중복된다. 지식은 공유하기 위한 것이며, 이는 이미 당신이 다른 사람과 협업하는 데 PARA를 이용할 수 있는지 궁금해할 수도 있다는 의미이다. 반가운 소식은 PARA가 개인에게만큼 팀과 회사, 다른 조직에도 효과가 뛰어나다는 사실이다.

세계은행World Bank과 같은 수십억 달러 규모의 금융기관부터 제넨테크Genentech와 같은 선도적인 바이오테크 회사, 선런Sunrun처럼 혁신적인 스타트업까지, 나는 다양한 산업 출신인 수백 명의 사람들에게 지식 정리하는 방법을 컨설팅하고 교육했다.

지금 우리는 모두 지식 기반 경제 하에서 일하고 있다. 이는 회사 사람들이 아는 내용을 문서화하고 이용할 수 있는 능력이, 성장

만이 아니라 생존을 위해서도 중요하다는 사실을 의미한다.


## 개인들의 필요를 바탕으로 하는 지식경영

PARA는 '지식경영Knowledge Management', 줄여서 KM이라고 불리는 수십 년 된 분야에 속한다. 지식경영의 목적은 조직의 목표를 달성하기 위해 구성원의 지식을 효과적으로 공유할 수 있는 방법을 찾는 데 있다.

한때 일했던 회사에서 한 임원이 어느 날 난데없이 지식경영을 '실행'하기로 결정했던 때를 선명하게 기억한다. 그룹웨어가 만들어졌고, 우리는 알게 된 내용을 거기에 입력해 '지식을 공유하라'는 지시를 받았다. 하지만 처음 몇 주가 지나자 그 자료를 다시 들여다보는 사람은 아무도 없었다.

이와 비슷한 다른 경험들이 가르쳐준 것은 지식경영을 위한 '톱-다운top-down' 접근방식에는 중요한 문제가 몇 가지 존재한다는 사실이다.

먼저 한 사람의 지식을 다른 사람이 이해할 수 있는 형태로 명확하게 표현하는 데에는 많은 시간과 노력이 소요된다. 대부분의 직원들은 그런 노력에 대한 보상이나 평가를 받지 못하기 때문에 그 일은 언제나 제대로 마무리되지 않는 경향이 있다. 비판이나 오해를 받을 수 있다는 두려움부터 알고 있는 것을 문서화할 경우 쉽게 대체될 수 있다는 가능성까지, 아이디어를 공개적으로 공유하는 일에는 위험도 따른다.

지식경영에 대한 톱-다운 방식이 수없이 실패하는 모습을 본 경험 덕분에 나는 현대 조직을 위해서는 '보텀-업bottom-up' 방식이 필요하다는 결론을 내렸다. 지식경영은 지식이 마치 창고에 비축할 수 있는 천연자원이라도 되는 것처럼 사람들에게서 '추출'해내는 작업이 될 수 없다.

지식경영을 하려면 개인들의 필요가 중심에 자리해야 한다. 개인이 할 수 있는 최고의 일을 할 수 있도록 자율권을 부여하고, 주로 개인적 생산성과 효과성을 제고할 수 있도록 설계되어야 한다.

이러한 점을 고려하여 팀 내에서 PARA를 이용하는 방법에 관해 권장하는 4가지 규칙은 다음과 같다.

1. 소속 집단의 특징을 명확하게 이해하라.
2. PARA를 이용하는 방식을 교육하라.
3. 공유 플랫폼에는 공유 프로젝트만 보관하라.
4. 글 쓰는 문화를 독려하라.

# 첫 번째 규칙:
## 소속 집단의 특징을 명확하게 이해하라

첫 번째 규칙은 조직 내에서 PARA가 어떤 모습을 하게 될지 구체적으로 정의하라는 것이다. 큰 틀에서 내 권고를 따르기로 결정했다 해도, 회사나 팀마다 조직문화를 기준으로 합리적인 PARA의 '특징'이 항상 존재할 것이다.

다음의 의사결정을 포함해 팀을 위한 'PARA 플레이북'을 만들 것을 제안한다.

- '프로젝트', '책임 영역', '자원', '보관소'에 관한 우리의 정의는 무엇인가?
- 새로운 프로젝트를 시작할 때 그 프로젝트가 활발하게 진행된다고 판단하려면 어떤 일이 일어나야 하는가?
- 어떤 프로젝트가 완료되거나 중단되거나 취소될 때 그 프로젝트가 활발하게 진행되지 않는다고 판단하려면 어떤 일이 일어나야 하는가?
- PARA를 사용하고 공식적으로 지원할 플랫폼은 무엇인가?
- PARA를 이용하는 방법을 안내하고 관장할 규칙과 지침, 규범은 무엇인가?

• PARA의 실행을 감독하고 지침을 따르는지 확인할 'PARA 챔피언'은 누가 될 것인가?

**두 번째 규칙:**

# PARA를 이용하는 방식을 교육하라

나는 PARA의 실행을 기술적인 도전과제가 아니라 주로 '교육'의 도전과제로 볼 것을 제안한다. 내가 보기에 관리자들이 자주 빠지는 가장 큰 위험은 누구에게 어떤 것도 가르칠 필요 없이 PARA를 '설치'할 수 있다는 생각이다. 진실과는 너무도 거리가 먼 생각이다. 장담하건대, PARA가 작동하는 방식은 물론 PARA가 '팀을 위해' 어떻게 작동할 것인지도 가르쳐야 할 것이다. 따라서 모든 사람의 확실한 동의를 얻기 위해 앞의 권고사항에 따라 만든 PARA 플레이북을 활용해 프레젠테이션을 만들고, 시범을 보이고, 워크샵을 개최할 것을 제안한다.

심지어 PARA는 엄청나게 단순한 방법인데도 이를 위해 대부분의 사람들이 정보와의 관계에서 얼마나 많은 기존 습관과 사고방식을 버려야 하는지 알면 놀랄 것이다. 예를 들면 정리를 하는 '올바른 방식'이 존재한다는 생각, 어떤 정보가 속해야 할 장소는 오로지 한곳밖에 없다는 믿음, 형식적인 질서와 정밀한 구조가 항상 더 낮다는 가정 같은 것들 말이다.

서로 공유하는 관습과 정책이 구성원들이 지식을 창출하고 공유하는 방법을 결정하는 만큼 이를 교육할 필요성에 관해 인색하게 굴지 말아야 한다.

세 번째 규칙:

## 공유 플랫폼에는 공유 프로젝트만 보관하라

팀이나 회사에서 공유할 PARA 시스템을 만들기 시작할 때 흔히 저지르는 실수에 유의하라. 바로 디지털 자산 전체를 하나의 공유 PARA 시스템에 모두 동시에 옮기는 것이다. 그때의 생각은 주로 이런 것이다. '이 내용이 그렇게 가치가 있다면, 모든 사람이 거기에 접근할 수 있게 해야 하지 않을까?'

답은 그렇지 않다는 것이다. 모든 사람이 모든 것에 항상 접근할 수 있게 만드는 것은 절대 바람직하지 않다. 그 이유를 이해하려면 어떤 지식을 효과적으로 소통하는 데에는 엄청난 양의 인지적 노력이 요구된다는 사실을 알아야 한다.

한때 나는 현대 프로젝트 관리 기술에 관한 책을 읽으면서 개인적인 메모를 한 적이 있다. 나만 내용을 이해하면 되는 만큼 메모의 형태는 자유로웠고 지저분했다. 얼마 후 나는 내가 얻은 통찰을 팀과 공유하고 싶었지만 비공식 메모를 이메일로 그냥 보낼 수는 없다는 사실을 깨달았다. 팀원들이 내용을 이해할 수 있게 하고 관련성도 있게 만들려면 핵심 용어를 정의하고, 제목과 섹션을 추가하고, 목차를 포함시키고, 더 많은 배경 설명을 제공하고, 내 생각을 신중하게 설명하는 등 훨씬 더 많은 맥락과 구조를 거기에 추가해야 할 터였다.

이런 유형의 과제는 공짜가 아니다. 인지적으로 비용이 많이 드는 과제이다. 많은 시간과 노력을 요구하지만, 이는 당신의 우선순위 항목을 추진하는 데 사용되지 않는 시간과 노력이다. 거기에는 언제나 '트레이드오프'가 있다. 즉, 어느 하나를 실행하면 다른 하나는 지연될 수밖에 없는 관계인 것이다.

그런 이유로 팀에게는 기본적으로 개인적인 메모와 파일, 문서를 모두 '개인적인' PARA 시스템에 보관하라고 조언할 것을 권한다. 프로젝트나 영역, 자원이 다수의 사람이 관여하는 협업의 대상이 될 때에만 회사 차원의 PARA 시스템에 있는 공유 폴더로 옮겨야 한다. 그러면 확실하게 모든 사람이 자기 일을 하는 데 필요한 정보에만 접근할 수 있고, 그 외에는 접근할 수 없게 될 것이다.

▸ **1** 포르테 랩 프로젝트

▸ **2** 포르테 랩 영역

▸ **3** 포르테 랩 자원

▸ **4** 포르테 랩 보관소

네 번째 규칙:

# 글 쓰는 문화를 독려하라

당신은 지식경영이 본질적으로 소통의 한 형태라는 사실을 곧 알게 될 것이다. 《세컨드 브레인》에 썼듯이, 문서와 메모, 혹은 다른 디지털 아이템은 시간을 통해 미래의 수신자에게 보내는 메시지다. 다른 메시지처럼, 소통의 반대편에 있는 사람이 이를 잘 받아들이고 이해할지는 소통의 품질이 결정한다.

품질이 높은 소통은 대개 다음 기준을 충족한다.

- 내용이 흥미롭고 사람들의 관심을 붙잡는가? (즉, 사람들이 읽고 싶도록 만드는가?)

- 정밀하고 명확한가? (즉, 말하고자 하는 바를 사람들이 쉽게 이해할 수

있는가?)

- 공감할 수 있는가? (즉, 상대의 관점에서 이해할 수 있게 쓰였는가?)

- 사람들의 문제 해결을 도와주는가? (즉, 내용이 명백히 유용하고 효과적인가?)

- 행동을 취하도록 독려하는가? (즉, 다른 사람들이 쉽게 적용할 수 있게 만들어졌는가?)

이 질문들이 강조하는 것은 효과적인 지식경영이란 결국 사람들이 글을 통해 자신을 얼마나 잘 표현하는가의 문제로 귀결된다는 사실이다. 간단히 표현하자면 지식을 효과적으로 공유하는 유일한 방법은 팀 내에 글 쓰는 문화를 만드는 것이다.

어떻게 하면 그렇게 할 수 있을까? 내 경험상 가장 효과가 있었던 아이디어 5가지를 소개한다.

**1. 모범을 보이라:**

선임 경영진과 관리자들이 중요한 아이디어와 결정을 글로 써서 정기적으로 공유함으로써 모범을 보인다.

**2. 인센티브를 제공하라:**

모든 직원들이 자신의 생각을 글로 써서 표현하는 데 시간을 들일 때 그에 따른 적절한 보상과 칭찬을 받을 수 있다.

### 3. 피드백을 제공하라:

직속 부하직원들은 자신들이 쓴 글을 다수에게 공개하기 전에 초안에 대한 개인적인 피드백을 받을 수 있다.

### 4. 읽기 위한 시간을 따로 배정하라:

논의를 위한 상황 설명은 서면 형태로 제공될 때 가장 잘 받아들여진다는 점을 강조하기 위해 '읽는 시간'을 가지면서 회의를 시작할 수 있다.

### 5. 표준화하라:

메모나 제안서, 1쪽 요약, 기사와 같이 내부용으로 작성하는 글을 위해 표준 용어를 도입하고 이를 위해 구글 독이나 노션 페이지 같은 표준 템플릿을 만든다.

더 많이 독려하고 인센티브를 제공할수록 구성원들이 서면 형태로 자신의 아이디어를 작성할 가능성이 높아진다. 그리고 그런 습관은 사고의 품질을 높이고, 의사결정과 논의를 개선하고, 궁극적으로는 지식경영의 효과를 높일 것이다.

제3부

# 심화:
# PARA 숙련하기

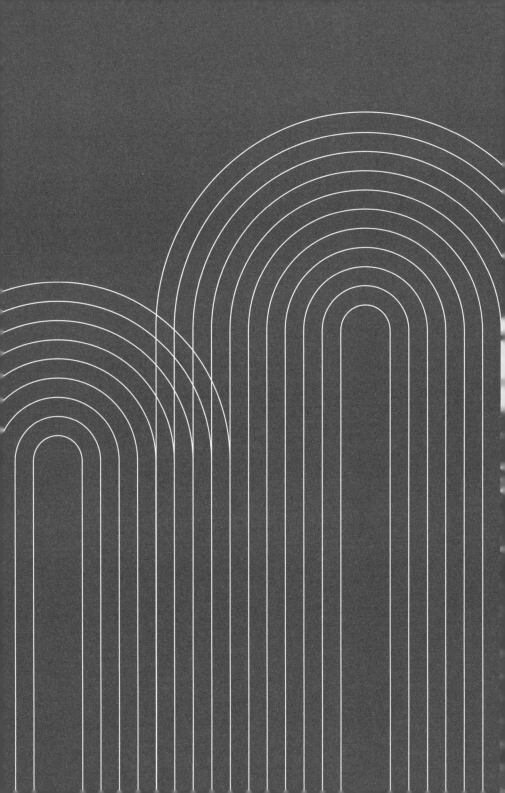

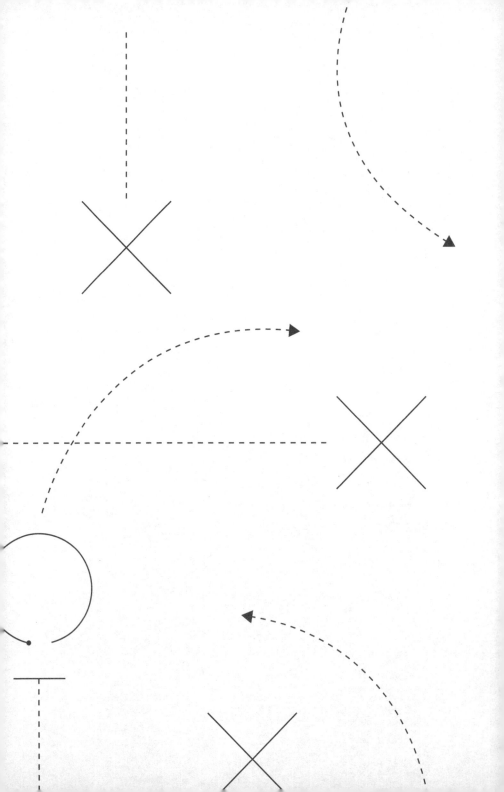

11장

프로젝트 목록을 만들어라

만약 나를 당신의 생산성 코치로 고용한다면, 우리는 처음 몇 번의 세션 동안 프로젝트 목록을 작성하게 될 것이다. 그 목록은 당신이 살아가고 있는 생산성 라이프의 핵심이다. 그 목록이 없다면 할 수 있는 일은 그다지 많지 않다. 지금부터 프로젝트 목록 만드는 방법을 자세히 안내해보겠다.

프로젝트 목록은 현재 달성하겠다고 다짐한 결과물의 목록을 한자리에 모두 모아둔 것이다. 당신이 생산하고, 창조하고, 달성하고, 해결하려고 노력하는 모든 것의 재고 목록이다. 단순히 해야 할 일의 목록 같지만, 당신이 어디를 향하고 있는지 말해줄 수 있을 만큼 규모가 더 크며 시간 지평선도 더 멀다. 목표들의 목록 같지만 그보다 더 실용적이며 이곳, 그리고 여기에 뿌리를 두고 있다.

프로젝트 목록을 작성하는 일은 PARA의 초석일 뿐만 아니라 그 자체로 엄청나게 중요한 연습이다. 여기서 내가 소개하는 목록 작성 방법은 데이비드 앨런의 책《쏟아지는 일 완벽하게 해내는 법》에 나오는 내용을 상황에 맞게 수정해 '개인적 생산성'으로 새롭게 정의한 것으로, 내가 업무를 처리할 때 도약대의 역할을 해주었다. 당신에게도 유용하리라 생각한다.

프로젝트 목록을 만드는 과정은 크게 5단계로 이루어져 있다.

- 1단계  최근 프로젝트 목록을 만든다
- 2단계  각 프로젝트에 목표를 추가한다
- 3단계  마감일이나 타임라인을 추가한다
- 4단계  목록의 우선순위를 정한다
- 5단계  프로젝트 목록을 재평가한다

대부분의 사람들은 각 단계들을 따르는 데 대략 5분에서 10분이 걸리며, 그 결과로 대략 10개에서 12개의 프로젝트로 구성된 목록이 탄생한다. 이것이 우리가 프로젝트의 정보를 계속 파악하는 데 우리의 뇌가 아닌 소프트웨어 프로그램을 활용하고 싶어 하는 이유다. 쉽고 간단하고 빠르다.

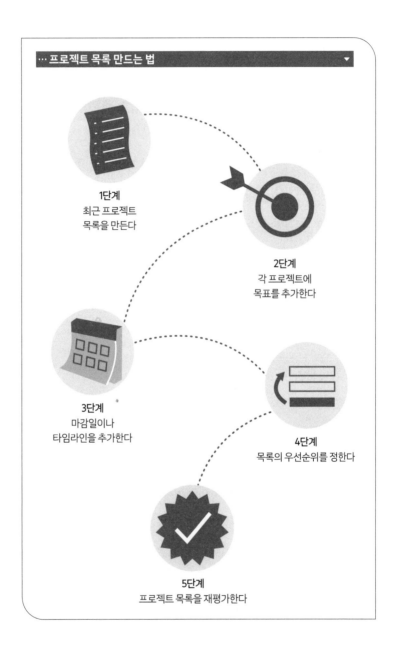

··· 프로젝트 목록 만드는 법

**1단계**
최근 프로젝트
목록을 만든다

**2단계**
각 프로젝트에
목표를 추가한다

**3단계**
마감일이나
타임라인을 추가한다

**4단계**
목록의 우선순위를 정한다

**5단계**
프로젝트 목록을 재평가한다

# 최근 프로젝트 목록을 만들라

5분 정도만 투자하면 '1차 통과'를 위해서는 충분할 것이다. 다음 질문을 읽으면서 머리에 떠오르는 것이 있으면 무엇이건 적어보라. 일과 관계된 것이건 개인적인 것이건 상관없다.

- 최근 당신을 걱정시키는 것은 무엇인가?
- 실제 그럴 가치가 있는 것보다 정신적 역량을 더 많이 차지하고 있는 문제는 무엇인가?
- 현재 일관된 진전을 이루지 못하고 있는 일 중에 완수해야 하는 일은 무엇인가?
- 이미 행동을 취하고 있지만 아직 파악하지 못한 더 큰 프로젝트의 일부인 것은 무엇인가?
- 당신이 배우고, 개발하고, 구축하고, 표현하고, 추구하고, 시작하고, 모색하고, 즐기고 싶은 것은 무엇인가?
- 어떤 기술을 배우고 싶으며 어떤 취미를 시작하고 싶은가?
- 어떤 종류의 프로젝트가 경력을 개발하거나 삶을 더 재미있고 흥미롭게 만들 수 있을까?

**2단계:**

# 각 프로젝트에 목적을 추가하라

앞에서 이야기했듯이, 프로젝트는 다음 2가지가 포함되어 있는 노력임을 기억하라.

1. 목표
2. 마감일(혹은 다른 시간의 틀)

먼저 5분 정도 시간을 들여서 목록에 오른 각 프로젝트의 목표를 괄호 속에 추가하라. 예를 들면 다음과 같다.

- **프로젝트**: 등 통증 치료하러 병원 방문하기(목표: 등 통증이 해결되고 밤새 불편함 없이 잘 수 있다).
- **프로젝트**: 직원 야유회를 위한 외부 행사 아젠다 계획하기(목표: 팀이 달성해야 할 목표를 명확히 알고 다음 단계로 할 일을 할당한다).
- **프로젝트**: 린다와 함께 판촉 활동 계획하기(목표: 임원진이 판촉 활동을 승인하고 예산이 배정된다).

**3단계:**

# 마감일이나 타임라인을 추가하라

다음으로는 목록을 한번 더 살펴보면서 각 프로젝트의 마감일을 추가한다. 그것이 꼭 지켜야 하는 엄격한 '마감일'인지 아니면 단순히 그때까지 끝내고 싶은 날짜인지는 지나치게 신경 쓰지 말자. 앞쪽에 '까지'라는 말을 덧붙여서 목록에 날짜를 추가할 수 있다. 예를 들자면 이런 식이다.

- **프로젝트**: 2월 24일 금요일까지 등 통증 치료하러 병원 방문하기(목표: 등 통증이 해결되고 밤새 불편함 없이 잘 수 있다).
- **프로젝트**: 3분기 말까지 직원 야유회를 위한 외부 행사 아젠다 계획하기(목표: 팀이 달성해야 할 목표를 명확히 알고 다음 단계로 할 일을 할당한다).
- **프로젝트**: 다음 임원 회의까지 린다와 함께 판촉 활동 계획하기 (목표: 임원진이 판촉 활동을 승인하고 예산이 배정된다).

# 목록의 우선순위를 정하라

주어진 한 주 동안에는 목록에 오른 모든 프로젝트에서, 혹은 대부분의 프로젝트에서 눈에 띄는 진전을 이루지 못할 가능성이 높다. 그렇다고 낙담할 필요는 없다. 나 역시 마찬가지다. 어차피 우리가 매주 모든 프로젝트를 발전시킬 가능성은 거의 없다.

여기서 핵심은 바로 '다가오는 한 주를 위해서만' 우선순위를 정하는 것이다. 이번 주, 혹은 다음 주에는 어떤 프로젝트가 당신의 정신적 역량 대부분을 차지해야 하는가? 그 프로젝트를 최우선 순위에 배치하라. 반면 당신의 역량을 거의 혹은 전혀 차지하지 않을 프로젝트는 무엇인가? 그 프로젝트를 아래에 배치하라.

- **01 프로젝트**: 2월 24일 금요일까지 등 통증 치료하러 병원 방문하기(목표: 등 통증이 해결되고 밤새 불편함 없이 잘 수 있다).
- **02 프로젝트**: 다음 임원 회의까지 린다와 함께 판촉 활동 계획하기(목표: 임원진이 판촉 활동을 승인하고 예산이 배정된다).
- **03 프로젝트**: 3분기 말까지 직원 야유회를 위한 외부 행사 아젠다 계획하기(목표: 팀이 달성해야 할 목표를 명확히 알고 다음 단계로 할 일을 할당한다).

이제 이번 주, 혹은 다음 주에 당신이 집중해야 할 목표는 오로지 목록의 맨 위쪽에 위치한 몇 개의 프로젝트에서 진전을 이루는 것이다. 이 점을 기억해야 한다.


### 5단계:
## 프로젝트 목록을 재평가하라

이번 주에 하겠다고 결심한 모든 일의 완벽한 목록을 가지고 있는 지금이 당신 자신에 관해 이해할 수 있는, 어렵지만 매우 유용한 질문 몇 가지를 던질 기회이다.

- 당신이 중요하다고 말하는 목표나 우선순위 중에 관련된 프로젝트가 없는 것은 어느 것인가? (이런 목적과 우선순위는 '꿈'이라고 불린다. 가까운 미래에 일어날 가능성이 낮기 때문이다.)
- 시간을 많이 쓰는 프로젝트 중 관련된 목표가 없는 것은 어느 것인가? (이런 프로젝트는 '취미'라고 불린다. 염두에 둔 목표가 없다면 '그저 재미를 위한 것'일 가능성이 높기 때문이다.)
- 프로젝트 중에서 취소하거나, 연기하거나, 규모를 줄이거나, 다른 사람에게 넘기거나, 외부에서 아웃소싱하거나 더 명료화

할 수 있는 것은 어느 것인가? (이런 프로젝트는 우선순위에서 상단에 올라오지 않을 확률이 높다.)

꿈이나 취미가 잘못됐다는 것은 결코 아니다. 그들은 당신 삶에서 똑같이 중요하고 필요한 부분이다. 하지만 그들을 프로젝트나 영역과 혼동하지 말라는 뜻이다.

우리는 당신의 시간과 에너지가 향하는 곳과 당신에게 진정으로 중요한 것을 일치시키기만 하면 된다. 일상적인 삶의 부산함 속에서, 이들이 정렬 상태를 벗어나 떠돌아다니도록 내버려두기는 너무나 쉽다. 그렇다는 사실을 알기도 전에 우리는 가장 중요하다고 주장하는 모든 것을 무시하면서 전혀 중요하지 않다는 걸 알고 있는 일에 소중한 시간을 들이붓고 있기 때문이다.

지금까지 설명한 5가지 단계는 이후에 소개할 '주간 리뷰'의 일부가 될 수도 있다. 일주일에 1번씩, 혹은 압도당하는 느낌을 받거나 여력이 없다고 느껴질 때, 이 단계들을 차근차근 실행해볼 수 있다. 그러면 몇 분 안에 명료함과 목적성이라는 새로운 감정이 생겨나게 될 것이다.

# 진정성을 가지고 "예"와 "아니요" 말하기

정확한 프로젝트 목록을 작성하면 새롭게 집중해야 할 일에 대해 "예" 혹은 "아니요"라고 말할 수 있는 확신을 갖게 된다. 일단 당신이 실제로 얼마의 역량을 가지고 있는지 안다면, 그 역량을 무엇으로 채울지 결정하는 일은 반응적인 것이 아니라 의도적이고 전략적인 결정이 될 수 있다.

내가 코칭하는 고객들은 종종 이 연습을 하면서 자신들이 너무 많은 일을 하려고 시도하고 있다는 중요한 깨달음을 얻는다. 현재 진행 중인 모든 노력의 범위를 한곳에서 보면서 그들은 또 다른 생산성 앱이나 기술은 필요하지 않음을 깨닫는다. 중요하지 않은 것에는 "아니요"라고 말해야 한다.

자신이 가장 노력을 기울이는 대상이 무엇인지 명확히 하고 이에 필요한 조치를 취할 때, 무엇을 남기고 무엇을 떠나보내야 할 것인지 심사숙고한 후 침착하게 결정을 내리기 시작할 수 있다. 그리고 덜 중요한 일에 대해 "아니요"라고 말할 때마다 그 일이 차지하고 있던 모든 시간과 에너지가 더 중요한 일을 위해 풀려나게 된다.

프로젝트 목록은 당신이 현재
달성하겠다고 다짐한 결과물의 목록을
한자리에 모아둔 것이다. 이 목록에는
목적과 일정이 포함되어야 하고
우선순위에 따라 배치되어야 한다.

우선순위를 정하는 것이 중요한 이유는
시간과 에너지가 한정적이기 때문이다.
덜 중요한 일에 "아니요"라고 말할 때
당신의 시간과 에너지가 더 중요한
일에 사용될 수 있다.

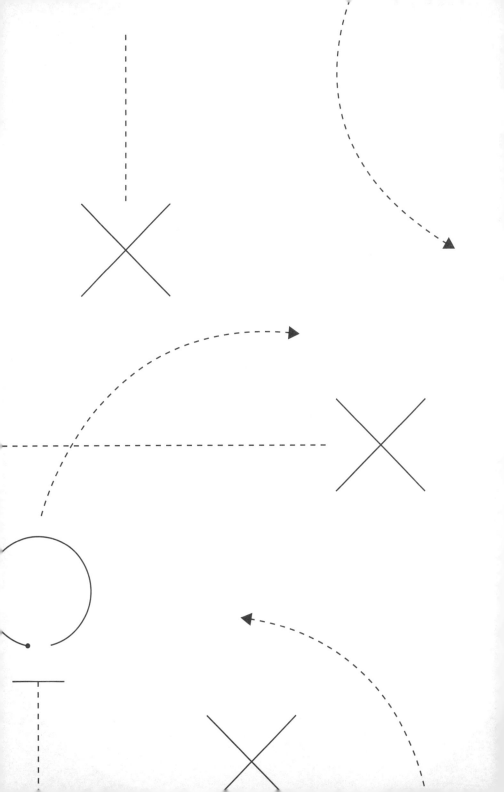

12장

**시스템을 위한 3가지 핵심 습관**

냉정한 현실은 우리가 이 책에서 읽은 모든 내용을 금세 잊어버릴 가능성이 높다는 것이다. 우선 그것이 우리가 정보를 저장하는 전적인 이유이다. 그렇지 않은가? 우리는 기억력이란 것이 매우 취약하다는 사실을 안다. 따라서 거기에 대항해 보험처럼 기술에 기억을 아웃소싱하는 것이다.

당신이 이 책에 쓰인 모든 것을 기억할 것처럼 행동하는 대신, 그저 책을 읽은 지 몇 시간 혹은 며칠 후에는 희미한 기억밖에 남지 않을 거라고 생각해야 한다. 유일하게 남는 것은 내가 한 조언의 결과로 당신이 채택하거나 바꾼 습관이 될 것이다.

얼마나 많은 사람이 자신을 위해 PARA를 실행하는지 지켜본 후, 나는 이 책에 있는 모든 내용을 함축하는 3가지 핵심 습관을 파악했다. 각각의 습관은 다른 기술이 변한다 해도 여전히 관련성을 유지할, 시간을 뛰어 넘는 원칙에 바탕을 두고 있다. 함께 쓰인다면 그 습관들은 그냥 정리하는 정도가 아니라 먼 미래까지 정리된 상태를 '유지'시켜 줄 것이다.

첫 번째 습관:

# 결과에 따라 정리하라

정리의 가장 큰 함정 중 하나는 정리를 그 자체로 하나의 끝인 것처럼 대하는 것이다. 일하는 장소를 깔끔하게 정리하거나 인스타그램에 있어야 할 것처럼 보이는 아름다운 메모를 디자인하는 일에는 너무나 만족스러운 무언가가 있다.

그런 일을 즐긴다고 해서 잘못된 것은 아니다. 하지만 나는 그 이유 때문에 당신이 이 책을 집어 들었다고 생각하지 않는다. 당신이 달성하려고 노력하는 무언가가 있다는데 기꺼이 내기를 걸 용의가 있다. 당신에게 의미가 있는 결과나 결과물 말이다. 그것이 바로 PARA가 설계된 목적이다. 이를 위해 몇 가지 방호책이 필요하다.

- 모든 결정은 '무엇이 내가 이 일을 진척시키는 데 도움이 될까?'라는 렌즈를 통해 이루어진다.
- 꼼꼼하게 태그와 라벨, 제목을 붙이는 사전 작업은 필요 없다.
- 프로젝트를 완수하는 일을 빼면 관리는 필요 없다.
- 가장 실행 가능한 범주인 '프로젝트'는 흥미롭게 보이지만 유용하지 않은 다른 종류의 정보로 산만해지지 않도록 철저하게 보호받는다.

이들 각각의 방호책은 당신이 진전을 이루고자 노력하는 목표를 앞으로 나아가지 못하게 방해하는 모든 것을 제거할 수 있도록 설계됐다.

도전적인 프로젝트의 결승점에 도달하고자 노력하고 있건, 삶의 한 영역에서 당신의 기준을 높이려고 노력하고 있건 상관없이 항상 마지막을 염두에 두고 시작하고, 그곳에 도달하는 데 어떤 정보가 필요할지만을 결정하기 위해 모든 다른 것은 옆으로 밀어내면서 거꾸로 작업하라.

### 두 번째 습관:
## 시간에 맞춰 정리하라

내 정리 철학은 가능한 한 적게, 가능한 한 늦게, 오로지 절대적으로 필요한 만큼만 정리하는 것이다. 정리에 관한 책에서 하는 말로는 이상하게 들릴 수도 있지만, 정리 그 자체는 아무런 가치를 더해주지 않는다. 효과적인 행동을 취하기 위한 마음 상태로 만들어주는 것 이상 정리하는 일 자체에 내재된 가치는 없다.

이것이 PARA가 미니멀리스트적인 접근방식인 이유다. PARA는 당신의 필요가 달라질 때 아이템들을 한 장소에서 다른 장소로 조금씩 '밀어내면서' 옮기는 방식을 선택한다. 당신의 삶에 존재하는 변화에 유기적으로 대응하는 '보텀-업' 방식이다.

언젠가 '혹시나' 필요할 경우에 대비해 디지털 정보를 정리하는 데 많은 노력을 쏟는 대신 그 필요가 아주 선명해질 때까지 기다려라. 그런 다음 '지금 현재' 작업 중인 프로젝트를 위해 '시간에 맞춰' 메모와 파일을 정리하라. 이것이 가치가 의심스러운 많은 양의 사전 작업을 피하고, 당신이 무엇을 달성하려고 노력 중인지 정확하게 알게 되는 그 순간을 위해 에너지를 절약하는 방법이다.


### 세 번째 습관:
## 격식에 얽매이지 않는 상태로 유지하라

PARA는 오로지 한곳에서만 정확성을 요구한다. 바로 프로젝트의 정의이다. 다른 모든 것은 다소 '엉망'으로 유지하는 일이 허용되는 것은 물론이며, 사실은 그런 방식으로 유지되어야 한다. 고도로 정밀한 시스템은 관리하는 데 많은 노력을 요구하는 만큼, 이는 디지털 세상 대부분의 측면이 기본적으로 느슨하고 비공식적으로 유지되어야 한다는 것을 의미한다.

이 규칙은 정보에 질서를 부여한다고 정보의 가치가 항상 더 높아지는 것은 아니라는 사실을 뜻한다. 그렇다. 당신이 들은 내용이 맞다. 때로는 정보를 너무 많이 정리하는 일이 정보를 '덜 가치 있게' 만든다. 가장 위대한 돌파구는 종종 아이디어 사이의 예상치 못한 연결에서 나오기 때문이다. 그리고 너무 엄격한 시스템은 그런 연결이 형성되는 것조차 방해하게 될 것이다.

시스템 내에 어느 정도의 혼란과 무작위성을 허용하면 서로 매우 다른 아이디어들이 연결되고 섞일 수 있는 기회가 만들어진다. 이것이 내가 정리의 현자들이 제시한 추천사항 중 많은 부분에 동의하지 않는 이유다.

예를 들어 나는 다음의 일들을 추천하지 않는다.


- 폴더 안에 내부 구조를 만드는 일
- 메모나 문서의 내용물을 위한 표준화된 템플릿을 사용하는 일
- 하위 폴더 안에 여러 단계의 깊이로 위계구조를 만드는 일
- 개인적인 정보를 정리하는 데 데이터베이스나 다른 공식적인 방식을 사용하는 일


나는 과거에 이 모든 방법을 시도해봤지만, 결과적으로 유익함보다는 불리함이 더 많다는 사실을 발견했다. 이런 복잡한 시도는 소중한 시간과 에너지를 잡아먹는다. 정보를 정리하는 방법을 정

리해서는 안 된다. 단순하고 직설적인 것으로 충분한 곳에 과하게 복잡한 메커니즘을 만들고 싶은 욕구에 저항하라. 미래의 당신은 그런 메커니즘에 필수적으로 동반되는 시간 소모적인 노력을 아꼈다는 사실에 대해 지금의 당신에게 고마워할 것이다.

## 꽃이 필 시간을 가질 때까지
## 아이디어 보호하기

새로운 아이디어는 처음 형성될 때 매우 취약하다. 어린 아기와 같이 많은 잠재력을 가지고 있지만 모든 종류의 위험과 위협에서 보호받아야 한다. 자기 회의의 위협, 다른 사람들에게 비난 받을 위험, 충분히 좋은 아이디어가 아닌 것 같다는 자기 자신의 공포로부터 말이다. 아이디어는 아직 스스로 살아남을 수 없다. 그렇다고 그것이 나쁜 아이디어라는 의미는 아니다. 아이디어는 그저 그것이 가진 궁극적인 잠재력을 실현할 때까지 발전할 시간과 장소가 필요하다. 바로 우리 인간처럼 말이다.

내가 앞서 추천한 각 습관은 이런 새로운 아이디어가 등장할 수 있는 환경을 조성하도록 도와준다. 결과에 따라 아이디어를 정리하다보면 현실에서 그 아이디어를 활발하게 실험해볼 수 있게 된다. 시간에 꼭 맞춰 정리하다보면 시간과 에너지를 아낄 수 있고, 따라서 당신이 예상하지 못한 기회를 추구할 수 있게 된다. 그리고 기본적으로 격식에 얽매이지 않는다면 새로운 연결과 패턴이 형성될 수 있게 된다.

PARA 폴더들을 막 싹트기 시작한 아이디어들이 자라기 전에 놀 수 있는 일련의 보호된 공간으로 생각하라. PARA의 각 폴더의 '벽'은 느슨하게 연결된 아이디어들이 함께 섞여 놀 수 있는 혼잡한 모래상자를 담고 있다. 결국 그 아이디어들은 자라나서 스스로 세상을 향한 모험을 떠날 만큼 충분히 강해질 것이다.

PARA의 가장 중요한 목적 중 하나는 정보를 기억하고 저장하는 간단한 방식을 당신의 습관으로 만드는 것이다. 이 습관은 지식을 정리하는 것이 아닌 목표를 달성하는 것이 목적인 PARA의 기본 개념이기도 하다.

당신이 PARA에 저장하고 보관하는 정보는 모두 당신의 목표와 관심사를 반영하고 있는 것들이므로 더 강력한 질서나 구조를 필요로 하지 않는다. 아이디어들이 스스로 자라나도록 보호하라.

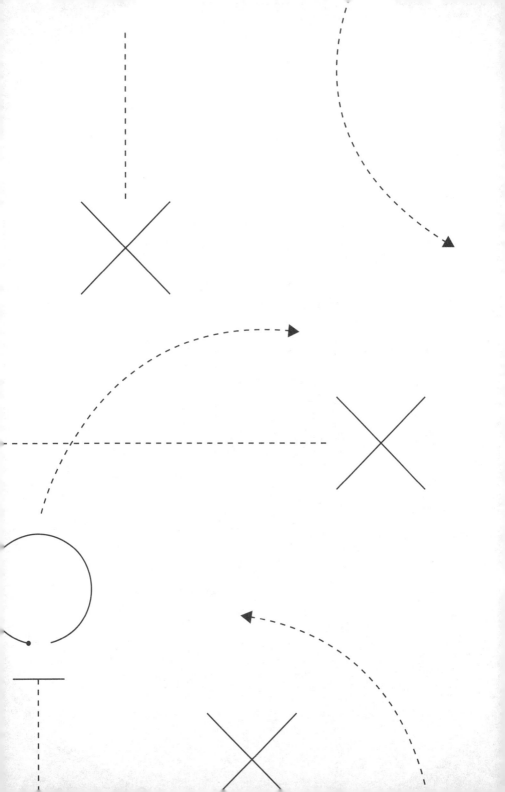

13장

**집중력, 창의력, 시점을 높이는**
**PARA 정리법**

PARA는 일차적으로 정보를 수집하고 정리하는 것을 목표로 하는 지식 관리 시스템이다. 하지만 정보를 느슨하고 유기적으로 저장하는 방식으로 인해 추가적인 이익을 얻을 수 있다. 특히 오늘날의 지식 노동자에게 가장 바람직한 마음 상태 3가지를 배양하는 데 사용될 수 있는데, 바로 집중력과 창의력, 시점에 대한 감각이다.

이제부터 PARA를 활용해 집중력과 창의력, 시점에 대한 감각을 키우는 방법에 대해 자세히 설명해보도록 하겠다.

# PARA를 활용해 집중력을 키우는 방법

집중의 가장 핵심은 '한 번에 한 가지 하기'이다. 이 원칙은 이론적으로는 너무나 단순해 보이지만 실행하기는 그리 쉽지 않다.

나는 사람들이 종종 새로운 정보가 도착하는 곳과 같은 환경에서 집중하려고 노력한다는 사실을 알아차렸다. 그들은 이메일의 인박스를 해야 할 일 목록으로 사용한다. 그러면서 연달아 들어오는 메시지 때문에 왜 끊임없이 산만해지는지 고민한다. 혹은 멀티태스킹을 위해 웹 브라우저를 활용하면서 하루를 마감할 때가 되면 왜 읽지 않은 브라우저 탭이 몇 개나 남게 되는지 이해하지 못한다. 하지만 이건 필연적인 상황이다.

우리가 제대로 집중하려면 인터넷이 끊임없이 보내오는 알림에서 한 걸음 떨어져 사적이고 외딴 장소로 물러나야 한다. 숲속에 깊이 숨은 통나무 오두막집을 이용할 수 있다면 부러운 일일 것이다. 그런 사적인 장소가 없는 사람들에게는 평소 외부 세상과 상호작용하는 데 사용하는 것과 다른 소프트웨어 프로그램이 같은 역할을 할 수도 있다.

집중해야 할 필요가 있을 때 나는 와이파이를 끈다. 바로 브라우저 창의 반대편에서 손짓하며 나를 부르는 정보의 바다가 있는데 한 가지 과제에 집중한 상태를 유지할 수 없다는 걸 알기 때문이다.

일하려고 앉을 때마다 나는 할 일 목록에서 한 가지 과제를 선택한 다음, '비행기 모드'를 켠다. 그리고 그 과제가 끝날 때까지 온라인으로 돌아가지 않는다.

이런 조언을 전에도 들어본 적이 있을 것이다. 하지만 디지털 정보를 관리할 신뢰할 만한 포괄적 시스템을 확보할 때까지는 이를 따르기가 거의 불가능하다. 모든 것이 클라우드에 갇혀 있다면, 결코 웹이 보내는 사이렌의 노래 소리에서 떨어져 나와 실제로 일을 끝낼 수가 없을 것이다.

그럴 때 PARA를 숲속에 있는 외딴 통나무 오두막집으로 활용하라. 세상과 단절하고 당신의 아이디어나 이론, 창작물을 세상과 공유하기 위해 다시 대담하게 나아가기 전까지 가지고 놀 수 있는 장소로 말이다.


## PARA를 활용해 창의력을 배양하는 방법

현대의 직업적 성공을 위해 창의력이 얼마나 중요한지는 아마도 많이 들어봤을 것이다.

정보를 모으기는 쉽다. 그리고 정보를 보관하는 작업이 그렇게 어렵지 않다는 사실도 알게 됐다. 하지만 거기서 멈춘다면, 이 모든 노력은 그저 정보를 쌓아두는 일에 해당될 것이다. 가치는 입력하는 정보에서 나오는 것이 아니라 당신의 강점과 스타일을 장착한 결과물에서 나오는 것이다.

내가 《세컨드 브레인》에 쓴 내용 중 많은 부분은 PARA와 디지털 시대의 창의력을 위한 전체론적 시스템을 토대로 삼아 작성됐다. 하지만 이 책에서 PARA는 창의력이 솟아날 수 있는 환경을 만드는 일과 관련이 있다. 창의력은 신비로운 것일 때도 있지만 창의력에 관해 내가 확실하게 알고 있는 한 가지는 이것이다.

주의 깊게 엄선되고, 하나의 프로젝트나 목표와 모두 관련되는 흥미로운 아이디어들을 중심 장소 한곳에 모아놓으면 마법 같은 일이 일어나기 시작한다는 것이다. 시도해보고 싶을 법한 다른 창의력 도구나 기술은 작업할 자료의 '시작 패키지'가 있을 때 훨씬 더 효과적으로 작동할 것이다.

이런 사실을 활용하기 위해 나는 '마음 깊이 와 닿는 것이 무엇인지'를 근거로 PARA 시스템에 저장할 대상을 선택하기를 권한다. 무엇이 당신을 움직이게 하는가? 팔의 솜털이 일어서고, 닭살이 돋고, 심장이 더 빨리 뛰고, 경외의 감정이 가득한 상태로 만드는 것은 무엇인가? 이것이 창의성이 만들어지는 재료이며, 따라서 저장할 가치가 있는 것들이다.

# PARA를 활용해 시점에 대한 감각을 높이는 방법

집중력과 창의력 외에 오늘날의 지식 노동자들에게 많이 요구되는 강점은 직관력이다. 특히 제한된 시간 안에 정해진 목표를 달성해야 하는 상황에서는 더욱 그러하다. 많은 사람들이 정해진 마감일에 맞추어 업무를 진행하는 데 어려움을 겪는다. 여기에도 PARA는 도움이 된다. 특히 PARA의 주된 범주 각각을 '시계視界, horizon'로 생각하면 좋다.

프로젝트는 다가오는 몇 시간 혹은 며칠 안에 끝나게 될 단기적 시계 안에 존재한다. 영역과 자원은 몇 주와 몇 달에 걸친 중기적 시계에서 전개된다. 보관소는 수개월이나 몇 년에 걸친 장기적 시계에서 볼 때 유용할 가능성이 더 높다.

▶ **보관소** | 실행 가능성이 가장 낮다

▶ **자원** | 필요할 때 실행 가능하다

▶ **영역** | 때때로 실행 가능하다

▶ **프로젝트** | 실행 가능성이 가장 높다

서로 다른 시간 척도를 바탕으로 정보를 구분하는 것이 왜 유용할까? 각각의 기간이 요구하는 마음자세와 사고방식이 매우 다르기 때문이다.

하루하루 꾸려가면서 일을 처리해야 하는 참호 속에서 당신은 진행 중인 프로젝트에만 초점을 맞추고 싶어 한다. 프로젝트에는 취해야 할 조치들과 향후 몇 시간 혹은 며칠 안에 검토해야 하는 정보가 포함된다. 이런 시간 척도 하에서 상황은 빠르게 변화한다. 따라서 손닿는 곳에 가깝게, 그리고 관심의 중심에 그 정보를 보관해야 한다.

이런 단기적인 시계에서 적절한 유형의 질문은 다음과 같다.

- 어떤 프로젝트가 가장 활발하게 진행 중인가?
- 어떤 업무가 가장 급한가?
- 업무를 진행시키기 위해 취해야 할 다음 단계는 무엇인가?
- 그렇게 하려면 어떤 정보에 접근해야 하는가?

영역과 자원은 몇 주에서 몇 달까지 늘어나는, 좀 더 긴 시계와 관련이 있다. 급한 불을 끄느라 바쁜 이번 주에는 영역과 자원을 참조할 필요는 많지 않을 수도 있다. 하지만 주간 리뷰를 할 때처럼 때로는 관점을 키우고 장기적으로 생각하는 편이 현명할 때가 있다. 영역과 자원에 모아둔 콘텐츠들이 유용해지는 때가 바로 이때다. 이처럼 더 깊게 고찰해볼 시간이 되면, 스스로에게 다음과 같이 질문해보라.

- 각 영역에서 내가 약속한 (품질이나 성과의) 기준은 무엇인가?
- 현재 나는 그 기준을 충족하고 있는가?
- 그렇지 않다면, 내가 시작하거나 중단하거나 바꿀 수 있는 새로운 프로젝트나 습관, 루틴, 혹은 다른 사례가 있는가?
- 그렇게 할 수 있게 해줄 다른 자원이 있는가?

자원을 평가할 때는 스스로에게 다음과 같이 질문해보라.

- 더 진지하게 추구하고 싶은 새로운 흥미나 열정이 생겼는가?
- 탐색을 시작하고 싶은 호기심이나 질문이 생겼는가?
- 정체되는 것을 허용했지만 새롭게 시작하고 싶은 취미나 추구하고 싶은 일이 있는가?

'언제 필요할 것인지'에 따라 삶 속의 정보를 구분함으로써, PARA는 그것이 언제이건 당신의 관심을 요구하는 시계 위에 적절한 관점이라는 감각을 제공한다. PARA는 당신이 창조하고자 노력하는 미래가 일어나도록 만들기 위해 다양한 시간 척도에서 동시에 작업할 수 있도록 해준다. 주의 깊게 엄선되고, 하나의 프로젝트나 목표와 모두 관련되는 흥미로운 아이디어들을 중심 장소 한곳에 모아놓으면 마법 같은 일이 일어나기 시작한다는 것이다.

PARA의 매력적인 점 중의 하나는
이 시스템을 통해 정보를 정리하고
보관하는 것뿐만 아니라 이를 자산으로
집중력, 창의력, 시점에 대한 감각 등
업무에 필요한 능력 역시 더 높은
단계로 성장시킬 수 있다는 점이다.

PARA는 스스로를 세상과 단절한 채

과제에 몰입할 수 있게 해주는 집중력의

은신처이자 아이디어를 발전시키고

새로운 아이디어를 도출하는 창의력의

샘이며, 현재와 미래의 시점을 파악하고

대비할 수 있는 감각의 배양소이다.

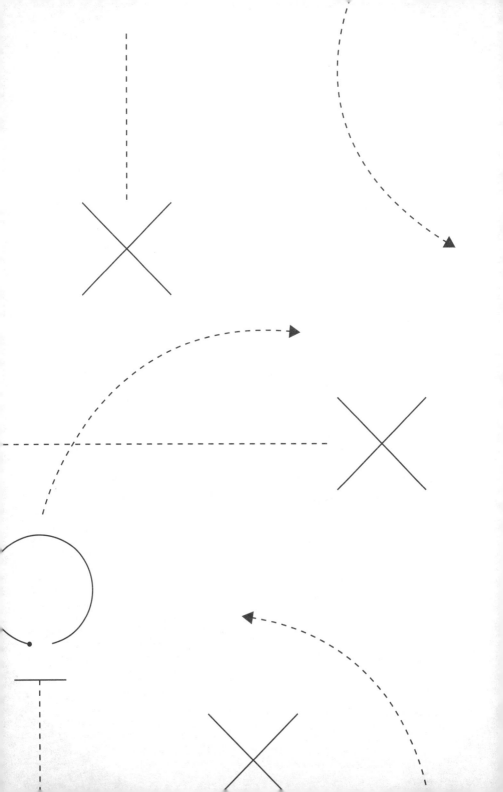

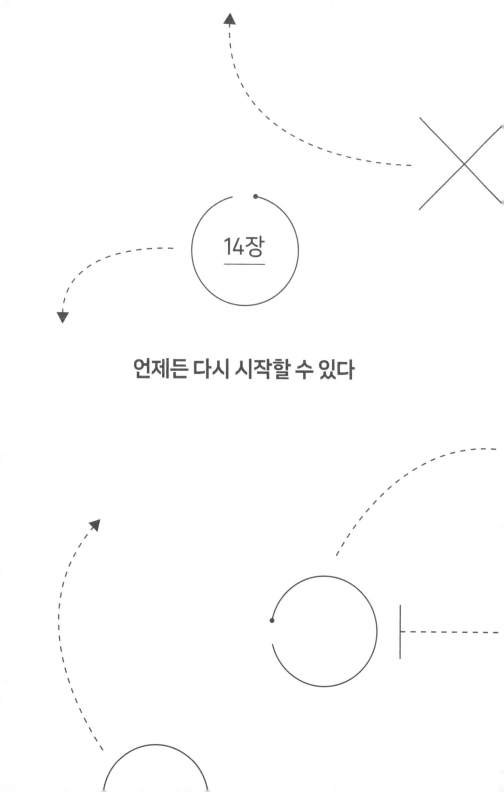

14장

언제든 다시 시작할 수 있다

이제까지 나는 PARA가 더 큰 효과를 발휘하도록 하는 방법에 대한 많은 조언과 권고를 제시했다. 그리고 이 장에서 마지막으로 한 가지 조언을 추가하고 싶다. 언제든지 진행이 막히거나 압도되는 것 같은 느낌을 받는다면, 단순히 모든 것을 보관소에 저장하고 3장에서 제시한 안내에 따라 다시 시작하라는 것이다. 예를 들면 다음과 같이 말이다.

- 문서 폴더가 디지털 재앙이 된다면, 모든 것을 오늘 날짜를 붙인 [보관소] 폴더에 옮기고 새롭게 시작하라.
- 메모 앱의 [인박스]에 엄청난 양의 디지털 메모가 쌓인다면 그들을 오늘 날짜의 [보관소] 폴더로 옮기고 끝내라.

- 클라우드 드라이브가 엉망진창이라면, 오늘 날짜를 기록한 [보관소] 폴더를 만들어 그 안에 모두 옮기고, 새로운 주, 달, 연도를 위해 다시 설정하라.

그렇다. 당신이 읽은 내용이 맞다. '디지털 파산'을 선언하는 행위는 디지털 세상이 너무나 혼란스러워지거나 숨 막히는 상황이 되기 시작할 때 언제나 사용할 수 있는 도피처이다. 나는 이런 선언을 수도 없이 해봤지만, 그때마다 나를 채워주는 것은 안도감과 다음 할 일을 향한 열정이다.

재무적인 파산에는 선언에 따르는 심각한 영향이 존재한다. 하지만 디지털 세상에서는 그렇지 않다. 모든 것을 보관소에 저장한다고 문제가 되는 것은 없다. 모든 것이 미래에 이용할 수 있도록 남아 있기 때문이다.

## 모든 것은 선택적이다

이 책 속에 PARA 시스템을 운영하기 위해 내가 따르는 정확한 과정을 요약했지만, 강조하고 싶은 사실은 내가 기술한 모든 단계가 선택적이라는 것이다. 이 중 어떤 것도 디지털 세상을 정리하는 데서 나오는 가치를 얻기 위해 절대적으로 필요한 것은 아니다.

이번 주는 인박스를 검토하고 제목을 달기에 너무 바빴을 수도 있다. 그러면 나는 그 일을 하지 않는다. 필요한 것이 있으면 언제든 간단히 검색을 활용해 찾을 수 있다는 사실을 알기 때문이다.

때로 인박스에서 나온 각각의 아이템을 적절한 폴더로 개별적으로 옮겨 넣기에는 너무 바쁜 주도 있다. 그러면 그저 '모두 선택'을 해서 아무 곳에나 던져 넣는다. 다시 말하지만 검색은 어떤 것이 완벽하게 분류되고 라벨이 붙어 있는 상태가 아니라 할지라도 찾아낼 수 있는 마법 같은 해결책이다.

마지막으로 상황이 너무나 정신없이 돌아갈 때가 있다. 그러면 몇 주 동안 프로젝트 목록을 업데이트하지 않을 때도 있다. 그래도 문제가 되지 않는다. 당신의 목록에 활발하지 않은 프로젝트가 몇 건 있다고 해서 재앙이 생기지는 않을 것이다.

PARA에는 고도의 회복력이 있다. 다시 설정할 시간이 생길 때까지 내버려둔 그대로 모든 것을 보존할 것이다. 그 시점이 일주일 후가 되건 반년 후가 되건 상관없다. 이것이 단순한 시스템을 활용하는 핵심 이유다. 이런 시스템은 당신이 다시 돌아갈 준비가 될 때까지 시간의 흐름을 쉽게 견뎌낸다.

## 정보에 대한 집착 떠나보내기

우리 대부분은 정보 소유물에 관해 일종의 의무감을 가지고 있는 것 같다. 아마도 어린 시절부터 부모님에게 자기 물건을 잘 관리하고 존중하는 마음으로 다루라는 가르침을 받았을 것이다. 이 마음은 물리적 주변 환경을 정리하는 것과 같은 방식으로 디지털 환경을 꼼꼼하게 유지해야 한다는 도덕적 의무감처럼 느껴질 정도이다.

하지만 디지털 세상에서는 이런 태도가 전혀 합리적이지 않다. 모든 데이터의 마지막 한 조각까지 보존하려고 노력하는 것은 낡고 자질구레한 장신구 하나하나와 빈 박스를 집에 보관하려고 애쓰는 무의미한 노력과 같다. 이 콘텐츠의 대부분은 우리의 동의 없이 등장했고, 따라서 애착의 감정 없이 보관소에 보관할 수 있다.

모든 것을 보관소에 저장하고 새롭게 시작하는 것이 두려운 단계가 될 수 있음을 안다. 당신은 모든 파일을 어떻게 정리하고 싶은지를 몇 년 동안 생각해왔을지도 모른다. 그런데 지금 그것들을 모두 보관소에 던져버리라고? 그렇다. 그것이 정확하게 내가 당신에게 하라고 말하는 일이다.

기억하라. 당신은 아무 것도 잃어버리지 않는다. 만약 과거의 무언가가 정말로 필요하다면 언제라도 자유롭게 보관소로 뛰어들어 부활시킬 수 있다. 하지만 추측하건데 설사 그런 일이 있다 하더라도 당신의 예상보다는 훨씬 더 적을 것이다.

중요한 점은 검색 기술이 매년 더 좋아지고 있으며, 미래에는 점점 진보되는 검색 알고리즘을 통해서 파일에 접근하게 될 가능성이 높다는 사실이다. 인공지능 역시 다가오고 있다. 이는 미래에는 그저 AI에게 모든 오래된 정보를 검색해서 필요한 것을 찾으라고 요구하게 될 것임을 의미한다. 이것이 정보를 꼼꼼하게 정리하는 데 보내는 시간이 낭비가 될 가능성이 높은 이유이다.

지금은 모래에 선을 긋고 정보와 당신의 오래된 관계를 뒤에 남겨둘 기회이다. 당신을 과거 속에서 꼼짝 못하게 만드는 잡동사니와 혼란으로부터 디지털 독립을 주장할 때이다. 새로운 정체성을 포용하는 길로 당신을 초대한다. 사소한 세부사항의 수렁에 빠지는 대신 지금 당신의 삶에서 새롭고 활기 넘치는 것들을 포용하는 유형의 사람이 되도록 말이다. 내 초대를 받아들이겠는가?

PARA는 새롭게 시작할 기회를 준다. 그것도 몇 번이고 거듭해서. 며칠, 몇 주, 혹은 몇 달 정도 내버려두었다가 원하는 때에 쉽게 돌아갈 수 있으며 다시 활성화할 수 있다. 혹은 모든 것을 뒤로 하고 온전히 다시 시작할 수도 있다. 이 모든 과정에 아무런 죄책감도 느낄 필요는 없다. PARA는 당신의 도구이지, 당신의 숙제가 아니다.

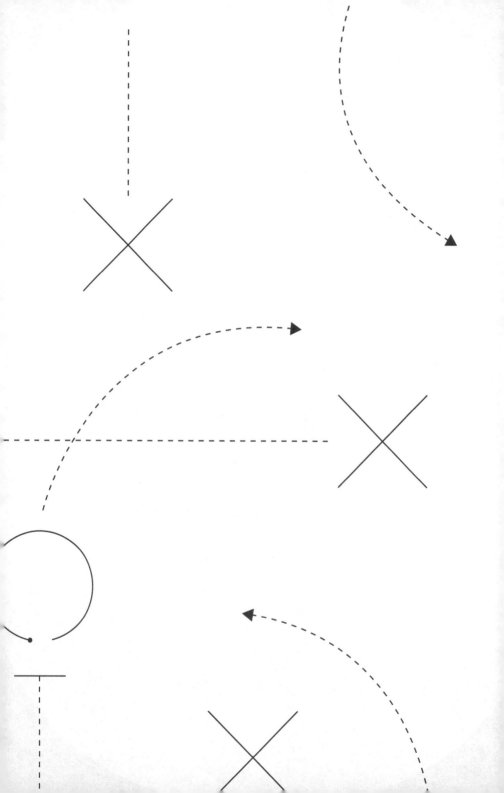

15장

**개인 맞춤형 시스템 구축하기**

고객들을 코칭하다 보면 종종 그들이 쓰는 단어 속에 숨겨진 하나의 이야기를 여러 가지 버전으로 듣게 된다. 바로 "저는 정리가 안 되는 사람이에요"라는 이야기다.

이상하게도 그런 말을 하는 사람들은 대체로 능력이 뛰어나고, 생산적이고, 많은 것을 성취한 사람들인 경향이 있다. 실제로 그들에게 삶에서 더 많은 것을 성취하려는 동기가 없었다면, '정리가 안 되는 상태'는 별 문제가 되지 않았을 것이다.

우리는 이런 무의식적인 믿음을 가진 것처럼 보인다. "정리만 잘한다면, 어떤 일이든 이룰 수 있을 텐데"라는 믿음이다. 하지만 더 깊게 물어보면, 누구도 '정리를 잘하는 것'이 진정으로 의미하는 바를 생각해본 것 같지 않다. 이것은 신기루이다. 멀리서 항상 우리를 약 올리지만, 심지어 우리가 그것을 향해 나아갈 때에도 여전히 멀리 떨어진 곳에 있다. 정리를 잘하는 것이 무엇인지 모르는 상태에서 그것을 손에 넣을 수 있을까?

나는 '정리를 잘하는 것'에 대한 내 나름의 정의를 가지고 있다. 하지만 먼저 무엇이 정리를 잘하는 것이 '아닌지' 이야기해보자. 정리를 잘하는 것은 심미적인 문제 혹은 사물이 보이는 방식에 관한 것이 아니다. 네모난 모서리와 깔끔한 선, 심플하고 미니멀한 흰 공간으로 가득한 사무실이 마법처럼 명료함과 마음의 평화를 제공해줄 거라는 믿음에 유혹되지 말자. 정리를 잘하는 것은 '통제'의 문제가 아니다. 본질적인 삶의 불확실성을 직면하는 것을 피하기 위한 핑계로 디지털 환경을 엄격하게 통제하려는 함정에 빠져선 안된다.

나에게 있어 정리를 잘한다는 것은 '힘을 확보하는 것'이다. '힘'이라는 것은 많은 사람들에게 지저분한 단어이다. 종종 우리는 힘을 원해서는 안 된다고 생각한다. 그것은 부패한 정치인이나 욕심 많은 자본주의자들에게나 의미 있고 중요한 부끄러운 욕망이다. 그렇지 않은가?

아니다.

당신이 원하는 '모든 것'은 당신이 얼마나 많은 힘을 가지고 있는가에 달려 있다. 경력과 가족을 위한 모든 목표, 당신의 분야나

커뮤니티에 일으키고 싶은 모든 변화, 형성하거나 개선하고 싶은 모든 관계, 경험하고 소유하고 싶은 모든 것 말이다. 이 모두는 당신이 쓸 수 있는 모든 자원에서 힘을 이끌어내고 그 힘이 원하는 결과로 향하도록 만들 수 있는 능력에 달려 있다.

힘은 '지성'에서 나온다. 그것이 세계 최고 사상가들의 아이디어를 활용하고, 언제나 접근할 수 있는 집중화된 장소에 당신이 마주치는 최고의 것을 저장하라고 조언하는 이유이다.

힘은 '감정'에서 나온다. 매혹의 감정을 불러일으키는 정보로 당신 자신을 둘러싼다면 내면에 있던 학습과 성장을 향한 놀라운 열정이 풀려나오기 시작할 것이다.

힘은 당신의 에너지 수준, 주의력 지속 시간, 자기 절제에 의존하지 않는 '시스템'에서 나온다. 그것이 PARA가 정보의 각 조각마다, 오로지 하나의 결정을 내리도록 요구하는 이유이다. "이 정보가 다음에는 언제 관련성을 가질 것인가?"

마지막으로 힘은 '정렬'에서 나온다. 우리는 실제로 '살고 있는 삶' 대신 '살고 싶은 삶'을 따라가도록 PARA를 설정하려는 유혹을 느끼는 경우가 흔하다. 희망적인 사고에 불과한 출세지향적인 프로젝트와 목표로 PARA를 채워선 안 된다. 지금 현재 진정으로 당신의 주의를 차지하고 있는 것이 무엇인가에 관한 진실을 말할 용기가 있을 때, 그리고 PARA가 이를 반영할 때, 힘은 진정으로 흐르기 시작한다. 무엇이 바뀌어야 하는가에 관해 스스로에게 완벽하게 정직해질 때까지는 어떤 것도 바꿀 수 없다.

## 지식 노동자가 아닌 지혜 노동자의 시대

수십 년 동안 우리는 지식이 우리의 주된 자산이라는 사실을 근거로 스스로를 '지식 노동자'라고 불러왔다. 그 용어가 고안된 지 60년이 넘었고, 지식 노동자의 시대는 마침내 끝나가고 있다. 지식은 상품화되었고, 처음에는 검색 엔진을 통해서, 그리고 지금은 점점 더 진보하는 인공지능에 의해 보편적으로 접근이 가능하다. 이는 지식의 특정한 부분을 안다는 사실이 더 이상 차별점이 될 수 없음을 의미한다.

우리는 이제 '지혜 노동자'의 시대로 진입하고 있다. 지금 중요한 것은 일상적인 소음의 경쟁 너머로 관점을 고양시키고, 차분한 전망의 장소에 머무르면서, 그곳에서 사람들과 시스템, 도구, 우리 주변으로 밀려오는 정보의 흐름을 세심하게 조율하는 능력이다.

우리는 언제나 우리 주변으로, 그리고 우리를 통해 흐르는 정보의 혼란스러운 흐름으로 현실을 직면한다. 정보는 '프로젝트'나 '영역'이라고 깔끔하게 이름 붙여져서, 미리 형성된 단위로 도착하지 않는다. 당신의 것으로 만들기 위해 정보의 덩어리에 손을 뻗어 이를 빚어내는 사람은 결국 당신 자신이다. 당신에게는 당신을 움직이게 하고 살아있다고 느끼게 해주는 조각들만 움켜잡을 선택권이 있다.

PARA를 사용하기 시작하면서 사람들은 자신들이 꿈꿔온 목표를 추구하기 위한 지식을 이미 충분히 가지고 있음을 깨닫게 된다. 자신의 경험에서 나온 것이건, 다른 사람의 경험에서 나온 것이건, 이미 수집한 소중한 원재료가 한 장소에 있는 것을 볼 때, 스스로 준비가 되었다는 결론을 내리지 않을 수 없다. 따라서 우리는 더 이상 '조금만 더 준비가 된다면'이라는 조건을 붙일 필요가 없다.

그 꿈은 당신에게 무엇인가? 당신이 자신에게 진정으로 정직하다면, 지금 준비가 되어 있음에도 한 달이나 1년, 3년, 5년 안에 준비가 될 것이라고 말해온 것은 무엇인가?

PARA의 강점은 '정리를 잘한다는 것'을 가능한 빨리 끝내야할 단순한 사건으로 만드는 것이다. 이것이 컴퓨터 화면 뒤에서 벗어나 모든 가능성이 살아 숨쉬는 세계로 나오는 방법이다. 이것이 당신이 꿈꾸는 목적을 달성할 수 있도록 가용한 힘의 근원에 접속해 이를 활용하는 방법이다.

지금은 지식에 대한 접근이 보편화된
시대이다. 예전이라면 얻기 어려웠을
고급 정보가 인터넷 속에 흘러 다닌다.
이제 우리에게 필요한 능력은 지식을
'소유'하는 것에 그치지 않는다.
그것이 나의 목표, 나의 꿈을 위해
움직이도록 올바로 선택하고 연결하여
새롭게 창조하는 지혜가 필요하다.
우리 모두 그 길로 향해야 한다.

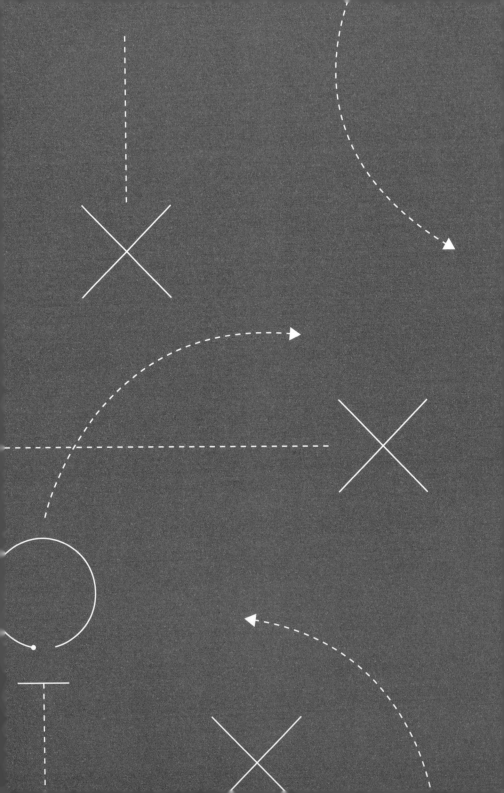

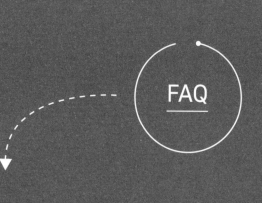

FAQ

**함께 알아두면 유용한 추가 질문들**

당신의 디지털 라이프에서 PARA를 이용하는 과정을 돕기 위해,
PARA에 관해 가장 흔하게 묻는 질문과 그에 대한 답변을 추가로
소개하겠다.

## 프로젝트에 대한 추가 질문들

### 1. 개별적인 프로젝트는 어떻게 정리하는가?

■ 개인적인 정보와 관련해서는 하나의 프로젝트에 연관된 개별적
인 노트, 파일, 문서, 그 외의 다른 콘텐츠를 정리하는 방법을 추천
하지 않는다. 그 시간과 노력을 프로젝트를 실제로 진행시키는 데

훨씬 더 잘 쓸 수 있기 때문이다.

대신 프로젝트를 소규모로 유지해서 '내부' 정리가 필요 없게 만드는 방법을 추천한다. 사실 나는 이를 한 프로젝트를 작은 단위로 쪼갤 때를 결정하기 위한 경험 법칙으로 활용한다. 프로젝트가 자꾸 커져서 내부 구조를 더 만들어야 할 것 같다고 느껴지면 이를 하나의 프로젝트에서 2, 3개의 작은 프로젝트로 쪼개야 한다는 신호로 보는 것이다.

프로젝트를 작게 유지해보면 실제로 각 프로젝트에 약 5개에서 10개를 넘어서는 아이템을 저장할 필요는 없다는 걸 알게 된다. 그 정도의 아이템을 가지고 단순히 시간순으로, 즉 만들어진 날짜에 따라 분류할 것을 추천한다. 그러면 각각의 노트나 문서가 만들어진 '타임라인'을 볼 수 있기 때문이다. 이 정도면 대개 소규모 프로젝트를 완료하는 데 충분한 구조이다.

**2. 지금 현재 활발하게 진행하지 않는 휴면 상태의 프로젝트는 어디에 두는가? 즉, 그 일을 진행하기로 결심했지만 이번 주나 이번 달은 아닐 경우 그대로 프로젝트에 보관해도 되는가?**

▪ 프로젝트 목록에 관해 끊임없이 느끼게 되는 유혹 중 하나는 진짜로 진행 중이 아닌 아이템이 목록에 오르도록 허용하는 것이다. 나도 이런 유혹에 자주 굴복한다. 목록이 그토록 생생하고 실행 가

능한 것으로 느껴지는데 실제로 진행 중은 아니라도 그렇기를 바라는 작은 아이템 하나를 추가한다고 문제가 되겠는가?

하지만 이 경로가 향하는 곳은 언제나 같다. 프로젝트 전체에 관한 민감성을 서서히 잃어버리도록 만드는 것이다. 지금 현재 당신에게 중요한 일과는 아무 상관이 없는 것처럼 프로젝트 목록이 무겁고 부담스럽게 느껴진다면 실행 가능성의 기준을 너무 느슨하게 만들었다고 말할 수 있다.

해결책은 언제나 같다. 진정으로, 솔직하게 현재 실행 가능성이 없는 프로젝트를 제거해야 한다. 이 일은 항상 조금은 고통스럽다. 무엇이 진정으로 진척되고 있고, 무엇이 그렇지 않은지 당신 자신에게 솔직해져야하기 때문이다. '나만의 게임룸 만들기'는 몽상이지 프로젝트가 아닌 것으로 밝혀질 수도 있다. '휴가 쇼핑 시즌까지 새로운 제품 출시하기'가 비현실적인 꿈이라는 사실이 명확해질 수도 있다. 이때 가장 손쉬운 방법은 마감일을 점검하는 것이다. 이 프로젝트에 새로운 무언가가 더해지는 시점이 언제일 것인가? 만약 이번 주, 혹은 이번 달, 심지어 올해 안에 진척이 없을 것 같다면 프로젝트에 머물 이유는 없다.

하지만 프로젝트가 아니라는 이유로 이들을 삭제해야 한다는 의미는 아니다. 그저 보관소로 옮기라. 또한 보관소로 프로젝트를 옮기는 일이 편도 여행이 돼서는 안 된다. 그곳으로 보낸 프로젝트는 일주일 후, 한 달 후, 1년 후에 상황이 바뀌어 한때는 불가능해 보였던 것이 이제 실행 가능한 것이 되면 돌아오는 길을 쉽게 찾을 수 있다.

보관소에 있는 휴면 프로젝트를 잊어버릴까 봐 걱정할 수도 있다. 그것이 새로운 프로젝트를 시작할 때 보관소를 찬찬히 훑어보는 일부터 시작하라고 추천하는 이유다. 보관소는 자료를 재검토하거나 잠재적으로 유용한 자료를 찾기 위한 시작점으로 안성맞춤이다. 내가 쓴《세컨드 브레인》이라는 책에서 이에 대한 더 자세한 세부사항을 다루고 있다.

### 3. 몇 개의 프로젝트를 보유하는 것이 최적인가?

■ 내가 보기에는 대부분의 사람들에게 10개에서 15개 정도의 프로젝트가 적절한 것 같다. 그 정도면 한 가지 프로젝트가 막혔을 때 완전히 꼼짝 못하는 상태가 되는 대신, 몇 가지 다른 선택지를 실행할 수 있을 만큼 충분하다. 아울러 한눈에 모든 프로젝트를 볼 수 있으며, 일주일 단위로 검토하고 되돌아볼 수 있을 만큼 적당하다.

그중에서 일주일 동안 직접적으로 작업을 할 수 있는 양은 3개에서 5개 정도밖에 되지 않을 것이다. 다른 프로젝트는 유보 상태로 유지하면서 어떤 일이 일어나기를 혹은 누군가가 회신하기를 기다리고 있거나, 관리 감독을 맡고 있지만 실제로 작업은 하지 않는 프로젝트일 것이다. 어떤 경우이건 그들은 여전히 진행 중인 프로젝트로 여겨진다. 특정한 시간 안에 연락을 받지 못한다면, 당신이 후속 조치를 취해야 할 수도 있기 때문이다.

이런 지침을 시작점으로 활용해보라. 다만 어떤 것이 당신에게 동기를 부여하고 앞으로 나아간다는 느낌을 극대화하는지 알아보려면 다른 숫자도 시도해보기 바란다. 나는 집중하기 위해 프로젝트 개수가 더 적어야 하는 사람들도 있는 반면, 관심을 전적으로 쏟기 위해 더 폭 넓은 범위의 사안이 필요한 사람들도 있다는 사실을 알게 됐다. 중요한 것은 무엇이 실행 가능하며 무엇이 아닌지에 대해 자기 자신에게 전적으로 정직해야 한다는 사실이다.

**4. 현재 프로젝트 목록을 너무 복잡하지 않게 유지하려면 미래 프로젝트는 어디에 저장해야 할까?**

■ 나라면 '미래 프로젝트'란 것은 없다고 말하겠다. 우리의 정의에 따르면, 목표와 완료일이 있고, 실제로 진행이 될 때까지는 그저 소망이나 욕망, 계획, 꿈일 뿐이기 때문이다.

소망이나 욕망, 꿈이 잘못됐다는 것은 아니다. 하지만 나는 무언가를 '프로젝트'라고 부르도록 허용하려면 극단적으로 명확해야 한다고 생각한다. 프로젝트가 가장 소중한 자원인 당신의 시간과 관심, 에너지를 소모시키기 때문이다. 어떤 아이디어가 당신의 삶에서 1분이라도 차지하려면 엄격한 시험을 통과해야 할 것이다.

그렇긴 하지만, 프로젝트는 어디서나 등장할 수 있다. 우리가 살펴봤듯이, 자원에 수집해둔 아이템이라도 그것을 포장해서 제품으로 판매할 수 있다고 결정되면 갑자기 프로젝트가 될 수 있다. 영역역시 그 안에 축적된 지혜를 일정한 형식으로 공유하고 싶다는 사실을 깨달았을 때 프로젝트가 될 수 있다. 과거의 지식을 재활용하게 되면 심지어 보관소에서 나온 것도 프로젝트가 될 수 있다. 프로젝트는 가장 예상치 못한 장소에서도 등장할 수 있으며, 실제로 그렇다는 가능성에 마음을 열어두라.

그렇긴 해도 원한다면 '미래 프로젝트 아이디어'라는 제목의 메모나 문서를 자유롭게 만들어도 된다. 다만 이 경우 적절한 장소는 프로젝트 자체보다는 자원이 더 적절하다.

## 영역에 대한 추가 질문들

**5. 영역을 얼마나 구체적으로 만들어야 하는가? 얼마나 많은 영역을 보유할 것을 권하는가?**

■ 실제로 영역이 얼마나 구체적이어야 하는지에 관해 엄격한 규칙은 없다. 당신의 삶을 바꿀 수는 없다는 사실에 유의하라. 그런

삶을 검증하는 데 얼마나 날카로운 렌즈를 사용하고 싶은지만 결정하면 된다.

프로젝트와 마찬가지로 어떤 사람들은 영역을 더 작고 구체적으로 만들 때 이점이 있다는 사실을 알게 된다. 영역을 '재무'처럼 넓은 범위로 생각하면 상당히 어려워질 것이다. 예를 들어 재무를 '세금', '은퇴용 저축', '투자', '예산'으로 나누는 편이 더 쉽다는 사실을 알게 될 수도 있다. 이런 방식으로 한 번에 재무의 좁은 측면 하나만 확대해서 볼 수 있다.

---

**··· 영역** ▼

☐ FL: 행정      ☐ FL: 워크샵

☐ FL: 실행      ☐ 아파트

☐ FL: 온라인과정      ☐ 건강

☐ FL: 고객      ☐ 재무

☐ FL: 코칭      ☐ 자기계발

☐ FL: 콘텐츠      ☐ 개인적인 기타사항

☐ FL: 재무      ☐ 프리우스

☐ FL: 법무      ☐ 생산성

☐ FL: 마케팅      ☐ 전문성 개발

☐ FL: 뉴스레터      ☐ 세일링

☐ FL: 부가적인 프로젝트      ☐ 여행

예시를 위해 내 [영역] 폴더를 살펴보자. 개인적으로 나는 일과 관련된 영역 10개 내외, 개인적인 삶과 관련된 영역 10개 내외를 보유하고 있다. 이 정도가 내가 노력하는 대상에 관한 상세한 개요를 제공하기에 충분하면서 압도당하는 느낌을 받지는 않을 정도로 적당하기 때문이다.

때때로 사람들은 내게 영역을 왜 그렇게 작은 범주로 나누는지 물어본다. 이는 진정으로 개인적인 결정이지만 내게 이런 구분은 소중한 혜택을 제공한다. 주어진 영역에서 내가 세운 개인적인 기준을 충족하고 있는지 결정하기 쉽게 해주기 때문이다. 내 사업 항목에 해당하는 '포르테 랩(FL)'과 같이 매우 방대한 범주만 보유하고 있다면 내가 어떤 부분에서 부족한지, 어떤 구체적인 변화를 만들어 낼 수 있을지 파악하기 힘들 것이다. 나는 그런 넓은 영역을 다양한 부서와 사업 기능으로 나누는 편을 훨씬 더 선호한다. 한 가지 측면에 관련된 정보만 보기가 더 쉽도록 말이다. 대신 사업과 관련된 내용이라는 점을 명확히 하기 위해 말머리를 추가하는 방법을 사용한다.

그렇긴 하지만 나는 많은 사람들이 더 적은, 혹은 더 많은 영역을 성공적으로 활용하는 모습도 봐왔다. 가장 기초적인 수준에서 단순히 '개인'과 '업무' 영역만 보유할 수도 있다. 어떤 수준의 구체성이 당신에게 가장 동기를 부여하는지 알 수 있도록 실험해보라.

**6. 프로젝트들이 영역을 구성하지 않는다면 영역 부문에는 무엇을 넣는가? 왜 영역을 '최고 수준'으로 활용하고, 그 각각을 깊게 파고들어 각 영역이 보유한 프로젝트를 찾을 수 있도록 하지 않는가?**

■ 내가 처음에 취했던 접근 방식이 정확하게 그랬다. 그 방식이 합리적이다. 그렇지 않은가? 영역은 방대하고, 그 내부는 수많은 작은 프로젝트로 이뤄져 있다. 그러니 디지털 세상도 그런 사실을 반영해야 하지 않겠는가?

답은 절대적으로 그렇지 않다는 것이다. 그 이유는 이것이다. '실행 가능성'의 원칙은 항상 작은 양의 '실행 가능한' 정보를 엄청나게 더 많은 양의 '실행 가능하지 않은' 정보에서 분리하는 것이다. 내 메모를 잠깐만 훑어보아도 약 1퍼센트만이 진짜로 실행 가능한 범주에 속한다. 내 메모의 99퍼센트는 실행 가능하지 않다는 의미이다. 그러니 왜 내가 현재 가장 실행 가능한 1퍼센트의 자료를 실행 가능하지 않은 정보의 방대한 바다에 숨기겠는가?

당신이 학교에서 일한다면, '교육 활동'과 같은 폭넓은 영역에 엄청난 양의 문서와 메모를 보유하고 있을 수도 있다. 하지만 다음 주에 계획하고 있는 새로운 수업(프로젝트)과 직접 관련 있는 것은 그중 소수에 불과할 것이다. 실제로 작업에 활용하고 싶은 실행 가능한 자료를 찾기 위해 여러 단계를 파고들면서 실행 가능하지 않은 자료 수천 건을 읽어보는 것은 전혀 합리적이지 않다.

달리 말하자면, 각 프로젝트가 해당되는 영역의 내부에 자리 잡는 것보다 프로젝트와 관련된 모든 정보가 한자리에 있는 것이 훨씬 더 중요하다는 뜻이다. 모든 프로젝트를 찾기 위해 수십 개의 영역 폴더 각각을 파고들어야 할 때의 고단함과 지루함을 상상해보라. 그리고 그 노력을 당신이 사용할 가능성이 있는 플랫폼 여러 개에 곱해보라.

다소 놀랍게도 나는 프로젝트와 영역을 직접적으로 연관시키는 일이 그렇게 중요하지 않다는 사실을 발견했다. 프로젝트는 매일 관여하는 것인 만큼 그들이 속한 영역을 잊어버릴 가능성은 많지 않다.

**7. 영역별로 시간이 지나도 유지해야 할 '기준'을 자신에게 어떻게 계속 상기시키는가?**

■ 나는 주간 리뷰를 할 때 주로 프로젝트에 집중한다. 프로젝트가 실행 가능하면서 일주일 단위로 진척되는 것이기 때문이다. 더 긴 시간의 틀에서 볼 때, 한 달에 한 번이나 몇 달에 한 번씩 좀 더 높은 수준에서 내 일과 삶을 평가하기 위해서는 월간 리뷰 혹은 분기 리뷰를 시행하기도 한다.

월간 리뷰를 할 때는 주로 영역에 초점을 맞춘다. 영역은 매우 천천히, 때로는 미묘하게 변화한다. 따라서 영역에 대해 적절하게 생각해보려면 기기나 스크린에서 벗어나 시간을 더 들일 필요가 있다는 사실을 알게 됐다.

나는 무의식에서 솟아오르는 욕망과 걱정을 파악하기 위해 종종 자연 속에서 산책을 하거나 해변으로 가거나 평화로운 상황에서 일기를 쓴다. 이런 과정의 일부로 각 영역에서 내가 설정한 기준의 목록을 살펴보고(이 목록은 [자기계발] 영역 폴더 안에 디지털 메모로 저장돼 있다), 그 기준을 충족하고 있는지, 그리고 무엇을 바꾸고 싶은지 되돌아본다.

### 8. 왜 '건강'과 같은 영역에 관련된 모든 정보를 같은 장소에 보관해서는 안 되는가?

■ PARA에서 직관에 가장 반대되는 측면 중 하나는 한 가지 주제와 관련된 모든 것을 한 장소에 보관하지 않는다는 사실이다. 예를 들어 당신은 '건강'과 같은 영역에 관련된 모든 것을 하나의 폴더에 보관하는 것이 좋은 아이디어라고 생각할 수 있다.

하지만 이런 접근 방식이 가진 문제는 건강과 잠재적으로 관련된 자료가 매우 많다는 것이다. 그 폴더는 곧 거대한 난장판이 될 것이다. 하위 폴더를 여러 개 추가하고, 여러 층의 하위 폴더의 하위 폴더를 만들고, 그런 다음엔 특별한 태그 시스템을 추가하는 등의 방법으로 그 난장판을 수습하려는 유혹을 느낄 수도 있다. 미처 깨닫기도 전에 삶의 오직 한 가지 측면을 위해 완전한 맞춤형 정리 시스템을 만들고 있는 셈이다. 10개 혹은 20개의 다른 측면에 대해서도 각각 그런 작업을 할 것인가?

그 대신 PARA는 '건강'과 관련해 중요한 것은 달성하고자 노력하는 결과물, 즉 콜레스테롤 수치를 낮추고, 부상에서 회복하고, 허리치수를 줄이고, 질병을 치료하는 일 등이라는 사실을 인식한다. 이런 유형의 결과물은 어떤 환경에서도 만들어 내기 쉬운 것은 아니다. 따라서 가까운 장래의 도전과제와 아무 상관없는 수백 개의 파일들을 검색해야 하는 추가적인 부담을 왜 더할 것인가?

우리의 접근 방식은 '건강' 관련 콘텐츠를 2가지 방식으로 구분하는 것이다.

- '언제' 정보가 유용하게 될 것인가에 따라 단기(프로젝트)부터 중기(영역과 자원), 장기(보관소)까지 다양한 시간 척도에 따라 구분하기
- 텍스트(메모 앱)부터 이미지(사진 앱), PDF(문서 폴더)까지 각 정보를 효과적으로 활용하는 데 필요한 역량을 가진 다양한 플랫폼에 따라 구분하기

예를 들어 당신은 건강과 관련해 다음과 같은 몇 개의 [프로젝

트] 폴더를 보유할 수 있다.

- 집 근처에서 새로운 의사 찾기
- 새로운 체육관에 등록하고 주별 운동 일정 수립하기
- 집 안에서 알레르기를 유발하는 항원을 검색하고 이를 제거하기 위한 계획 수립하기

동시에 다음과 같은 건강 관련 [영역] 폴더 몇 개도 함께 보유할수 있다.

- 운동(체육관 운동 루틴, 근력 운동 메모, 선호하는 스트레칭을 저장할 수 있는 장소)
- 정신 건강(상담과정에서 습득한 개인적인 깨달음 중 일부를 포함한)
- 의료(의사 소견서, 보험 영수증, 검사결과 보고서)

마지막으로 건강과 관련한 자원 폴더를 여러 개 보유할 가능성도 매우 높다.

- 습관(건강한 습관을 유지하기 위해 배운 기술)
- 음성 훈련(목을 푸는 기술)

- 요리(레시피, 영양학적 지침, 식사 준비 쇼핑 목록)

    메모 앱에서 언제나 한 범주의 메모를 다른 범주의 메모와 연결할 수 있다는 사실을 잊지 말라. 예를 들어 의사 소견서(영역) 안에 마라톤 준비를 위한 훈련법(프로젝트)에 관한 기사 링크를 추가할 수 있다. 혹은 당신이 좋아하는 레시피(자원) 안에 월별 식료품 예산(영역)에 관한 링크를 만들 수 있다. 여러 가지를 연결할 가능성은 무한하지만 선택적이기도 하다.

    마지막으로 활용해야 할 역량이 무엇인가에 따라 어떤 폴더는 하나 이상의 플랫폼에 존재할 수도 있다. 예를 들어 나는 주간 식료품 목록('요리' 자원의 일부)을 메모 앱에 보관한다. 바쁜 한 주 가운데 식료품 코너 통로에서 구석구석을 살펴보고 있을 때, 내가 사야 할 것의 정확한 목록이 가장 실행 가능하고 편리한 포맷으로 필요하다는 사실을 알게 됐기 때문이다. 디너파티를 위한 정교한 자리 배열 역시 '요리' 범주에 속하지만, 이 자료의 형식이 PDF이고 모바일 기기에서는 어쨌든 보기가 쉽지 않기 때문에 컴퓨터 파일 시스템의 동일한 범주에 저장하는 편이 더 합리적이다.

# 자원에 대한 추가 질문들

**9. 새로운 자원 폴더는 어디에서 비롯되는가?**

📁 자원은 흥미, 열정, 궁금증에서 비롯되며 세 번째로 실행 가능한 범주인 만큼 숫자로 제한하는 일은 중요하지 않다. 당신의 마음을 끄는 것은 어떤 것이건 모두 자유롭게 자원 폴더로 만들라.

때때로 자원은 요요나 집에서 빵 만들기 등 갑자기 발견한 예기치 못한, 하지만 확실한 열정에서 등장하기도 한다. 물론 수경재배나 암호 화폐처럼 당신이 추구할지 여부를 크게 확신할 수는 없지만 혹시나 그럴 경우에 대비해 아이디어를 수집하고 싶은, 지나가는 호기심일 가능성이 더 많다.

일이나 사업의 경우에는 고객 후기, 참고 사진, 제품 설명서, 고객 피드백처럼 종종 미래에 활용하고 싶을 것으로 예상되는 유형의 자산들로 자원을 구성할 수도 있다.


**10. 서로 다른 영역과 자원에서 나온 아이디어들이 어떻게 서로 '교류'하는가?**

📁 한마디로 말하자면 연결이다! 콘텐츠를 기본적으로 디지털 메모 앱에 저장하라고 권하는 이유는 일단 하나의 중심 프로그램에 수많은 디지털 메모를 저장하면, 프로그램의 관련 기능을 활용해 적절한 시기에 이들을 서로 연결할 수 있기 때문이다. 각 문서를 다

른 것과 연결되지 않는 독립적인 것으로 다루는 컴퓨터 파일 시스템에서는 그런 연결이 사실상 가능하지 않다는 사실에 유의하라.

나는 하나의 PARA 범주에서 다른 범주로 메모를, 혹은 메모로 가득한 폴더를 '옮기는' 행위를 강조해왔다. 하지만 지금 있는 곳에 메모를 계속 보관하고 싶다면, 그 메모가 유용할 수 있는 새로운 프로젝트나 영역에 연결하는 링크도 쉽게 만들 수 있다.

하지만 내가 일반적으로는 태깅과 연결하기를 덜 강조하는 이유가 있다. 이들은 종종 뭔가를 미루기 위한 변명이 되기 때문이다. 사실상 아이디어들을 함께 태깅하고 연결하면서 시간을 보낼 수 있지만, 어떤 가치가 진정으로 창출되었는가?

물론, 당신의 아이디어 사이에는 복잡한 연결 관계가 많이 있다. 하지만 그 작업이 현실 세계에서 그런 연결 관계가 드러나게 만들 가능성을 높여주는가? 아니면 그저 목표에서 당신을 더 멀어지도록 이끄는 '샛길'을 만들고 있는 것인가?

당신이 진정으로 배움을 얻는 유일한 시간은 뭔가를 끝내고, 그것을 누군가와 공유하고, 머릿속이 아닌 바깥의 현실 세상에서 실제로 그것이 작동하는지 지켜볼 때이다. 이것이 PARA가 모든 측면에서 그런 소중한 자기표현의 순간으로 당신을 데려가도록 설계된 이유다.

# 보관소에 대한 추가 질문들

### 11. 보관소는 어떻게 정리하는가?

■ 보관소는 휴면 상태가 된 영역과 자원은 물론, 완료되거나 비활성화되거나 연기되거나 취소된 프로젝트들로 구성된다. 실행 가능성이 가장 낮고, 따라서 PARA에서 가장 덜 중요한 범주인 만큼 보관소 정리에는 시간을 쓸 만한 가치가 없다.

찾으려는 폴더를 빨리 찾을 수 있도록 4개의 주요 PARA 범주인 프로젝트, 영역, 자원, 보관소 내부의 하위 폴더를 분류하는 방식은 기본적으로 알파벳 순서나 시간 순서를 따른다. 나는 대개 PARA 하위 폴더에서 파일과 문서를 '만들어진 날짜'를 기준으로, 최근 시간순으로 분류한다. 이 방식은 가장 최근 아이템부터 가장 오래된 아이템까지, 프로젝트나 영역에 관한 일종의 '타임라인'을 제공해준다. 이들 2가지 분류 방식 모두 손수 노력을 기울일 필요 없이 소프트웨어 프로그램이 자동적으로 해줄 수 있는 일이라는 점에서 이점이 있다.

### 12. 영역과 자원에 있는 메모/파일/폴더는 언제 보관소로 가는가?

■ 프로젝트는 말 그대로 명확한 마감일이 있는 만큼 내용물을 보관소로 보내야 할 구체적인 순간이 나온다. 하지만 영역과 자원은

약간 다르다. 이들 범주가 관련성을 잃게 되는 시점에 관해서는 좀 더 민감해질 필요가 있다. 때때로 자신이 깨닫지 못하는 상태에서 그런 일이 일어날 수 있기 때문이다.

영역 폴더를 보관소로 옮기도록 만들 수 있는 몇 가지 사례는 다음과 같다.

- 친구, 연애 파트너, 회사 동료, 동업자와의 관계가 어떤 이유로 끝나거나 휴면 상태가 된다. 그렇지만 관련된 기억이나 기록을 저장해두고 싶다.
- 집이나 아파트에서 이사를 나가거나 차를 판다. 하지만 필요할 경우에 대비해서 관련 기록을 보관해두고 싶다.
- 회사 내에서 부서, 사업부, 제품 라인이 가동을 멈춘다. 하지만 관련 서류를 저장해두고 싶다.
- 동호회 활동, 투자 자산, 집안일의 의무, 사업의 어떤 측면에 대해 더 이상 책임을 지지 않게 된다.
- 지역 공동체 임원, 자녀가 속한 축구팀 코치, 과거 직업처럼 기존에 맡았던 역할을 더 이상 맡지 않게 된다.

자원이 비활성화되어 보관소로 옮겨지는 경우의 몇 가지 사례는 다음과 같다.

- 어떤 이유로 취미나 부가적인 프로젝트, 스포츠에 대한 관심을 잃는다.
- 어떤 주제에 대해 충분히 공부했으며 이제 옆으로 밀어두기로 결정한다.
- 따라가던 트렌드가 유행에서 뒤떨어진 것이 된다.
- 과거에 손닿는 곳에 가깝게 보관하고 싶어 했던 자원이 더 이상 필요하지 않다.
- 기술이나 속한 산업의 변화로 한때 보관이 중요했던 자산의 한 종류를 이제는 온라인으로 쉽게 이용할 수 있게 된다.

기억해야 할 중요한 사실은 심지어 보관소조차도 지식이 그곳에서 숨을 거두는 '아이디어 묘지'가 아니라는 점이다. 어떤 것을 보관소로 옮기는 작업은 일방통행이 아니다! 관련성이 줄어든 일부 아이템을 보관소에 저장하고, 과거에 얻은 지식을 재사용하면서 다른 아이템들은 더 실행 가능한 범주로 다시 가져오는 일을 빈번하게 해야 할 것이다.

보관소에 있는 모든 것은 PARA의 다른 모든 것과 마찬가지로 검색과 접근이 가능하다. 따라서 어떤 것을 보관소로 옮긴다고 해서 영원히 그 정보를 놓치게 될 거라고 걱정할 필요는 없다.

# 그 외에 다양한 질문들

**13. 어떤 종류의 콘텐츠를 저장해야 하는가?**

📁 미래에 다시 찾아보고 되돌아보고 다른 사람과 공유하기를 원하는 것으로, 통찰을 제공하면서 가치와 영향력이 큰 정보를 찾아봐야 한다. 이는 대개 요구할 때 즉시 찾기는 어려운 정보이며, 때로는 모호하고, 해석의 여지가 많고, 생각과 문제 해결을 자극하는 정보이다. 전작인 《세컨드 브레인》에서 이에 대한 이야기를 좀 더 자세히 다루고 있다.

여기서 간단히 언제 '저장' 버튼을 눌러야 할지 결정할 때 사용할 수 있는 몇 가지 팁을 주자면 다음과 같다.

- 미래 어떤 시점에 표면화된다면 내게 영감과 도움을 제공할 수 있는 것인가?
- 미래 프로젝트를 위한 유용한 자원, 구성 요소, 사례로 사용될 수 있을까?
- 개인적 경험을 통해서 어렵게 얻은 지식인가?
- 미래에 다시 생각해볼 가치가 있는 것인가?

사람들이 보관하고 싶어 하는 콘텐츠의 예시는 다음과 같다.

- 책 메모와 인용

- 온라인 기사 발췌

- 오디오북이나 팟캐스트에서 나온 메모

- 스크린숏과 인터넷 북마크

- 음성 메모

- 사진, 그래픽, 슬라이드

- PDF

- 중요한 자원의 개요 정리와 요약

- 콘퍼런스나 행사에서 나온 메모

- 인터뷰와 자주 하는 질문들

- 템플릿과 체크리스트

- 온라인 과정에서 나온 메모

- 브레인스토밍과 마인드맵

- 노트북 스케치와 업무일지

- 마케팅/사업 아이디어

- 이메일 뉴스레터 발췌

- 여행 아이디어와 계획

- 독서 목록

- 회의 메모와 녹음자료

- 프로젝트 계획 메모

- 업무 사례와 포트폴리오
- 목표와 꿈
- 생산성 혹은 건강 관련 요령
- 사용자 매뉴얼/지침
- 글쓰기 초안과 메모

**14. 서로 다른 플랫폼에 있는 상응하는 폴더들이 시간이 지나면서 서로 멀어지기 시작하면 어떤 일이 일어나는가?**

📁 사실 큰 문제는 없다. 모든 폴더들을 항상 완벽하게 정렬된 상태로 유지해야 한다는 부담감을 느낄 필요는 없다. 조금 어긋났다고 해서 즉시 피해가 발생하지는 않을 것이다. 오히려 나는 폴더들이 서로 너무 멀어져서 정보를 찾는 데 어려움을 느끼기 시작할 때까지 기다리는 경향이 있다. 그런 다음 약 5분에서 10분을 들여 정보를 재검토하면서 폴더의 이름을 다시 붙이고 이들이 다시 정렬 상태가 되도록 처리한다.

**15. 업무 용도로 하나, 개인 용도로 하나 등으로 복수의 PARA가 필요하다면 어떻게 해야 할까?**

📁 실제로 상당히 흔한 시나리오다. 좋든 싫든 우리의 디지털 세상은 거의, 혹은 전혀 접촉이 없는 서로 다른 '영역'으로 구획이 나눠

진다. 가장 흔한 사례는 고용주가 컴퓨터나 모바일 기기에 특정한 소프트웨어 프로그램 설치만 허용하는 때다. 규제가 심하고 프라이버시에 민감한 산업에서는 때때로 공식적인 승인 없이는 어떠한 파일도 시스템 내부 혹은 외부로 보낼 수 없다.

PARA는 무엇보다 실용적인 방법인 만큼, 이런 현실과 싸우는 대신 포용할 것을 권장한다. 핵심은 PARA 시스템의 서로 다른 부분 사이에 명확한 '경계'를 긋는 것이다. 인간의 뇌에 명확하게 구분된 좌뇌와 우뇌, 그리고 다른 부위들이 있는 것처럼, 디지털 뇌도 똑같이 구분할 수 있다.

그 작업은 집 컴퓨터와 개인 기기(개인적으로 추구하는 것들과 함께)에 완전한 PARA 설정을 해두고, 회사 컴퓨터와 기기(업무상 추구하는 것들과 함께)에 별도의 PARA 설정을 하는 일 정도로 단순할 수 있다. 어차피 서로 다른 플랫폼에 똑같은 범주들을 '미러링mirroring'하게 될 테니 하나를 더 한다고 해서 문제가 있겠는가?

놀랍게도 나는 종종 그런 구분이 실제로 매우 유용하다는 사실을 발견했다. 어디로 보내야 할지 결정해야 할 메모나 문서와 마주했을 때, 그것이 업무와 관련된 것인지 아닌지를 파악할 수 있다면, 그 정보가 갈 수 있는 장소의 숫자가 즉시 반으로 줄어든다.

물론 나는 개인적인 세계와 일의 세계를 한데 합치는 편을 선호한다. 하지만 오로지 업무만 생각할 수 있는 전용 디지털 환경을 설

정해 하루가 끝나면 로그오프할 수 있게 함으로써 실제로 혜택을
보는 사람들도 있다.

**16. 하나의 폴더가 프로젝트나 영역, 자원에서 다른 범주로 옮겨질 때, 폴더의 이름을 새로 붙여야 할까?**

■ PARA 범주 사이에 정보를 옮기는 데는 2가지 방식이 있음에 유의하라.

1. '하나의 아이템'(메모, 파일, 문서)을 한 프로젝트, 영역, 자원 폴더에서 다른 폴더로 옮긴다.
2. 아이템으로 가득 찬 '전체 폴더'를 한 프로젝트, 영역, 자원 폴더에서 다른 폴더로 옮긴다.

이들 중 어떤 방법이 더 적절한지는 상황에 따라 다르다. 그래픽디자인 프로젝트를 시작했고, 과거 프로젝트에서 사용한 디자인 템플릿 하나를 재사용할 수 있음을 깨달았다면, 그 하나의 아이템만 보관소에서 새로운 프로젝트 폴더로 옮겨라. 하지만 어떤 프로젝트에 디자인 템플릿으로 가득한 전체 자원 폴더가 사용될 수 있음을 알게 됐다면 전체 폴더를 프로젝트로 옮기고 이름을 변경하라. 바닥부터 시작할 필요는 없다.

그렇게 했을 때, 때로는 폴더 이름을 '프로젝트에 적합한' 것으로 바꾸고 싶을 수도 있다. [디자인 템플릿]이라는 자원 폴더는 [다운로드 가능한 디자인 템플릿 패키지 만들기]로 바꿀 수 있으며, 짜잔, 이제 당신은 프로젝트를 보유하고 있다. 나는 프로젝트의 경우 이모티콘을 폴더명 앞에 붙이므로, 여기에 이모티콘을 추가할 것이다. 그러면 기존 자료의 전체 묶음을 몇 초 만에 새로운 수준의 실행 가능성으로 업그레이드한 셈이다.

**17. 거대한 규모의 프로젝트(책 쓰기 등)는 어디에 자리를 잡아야 할까? 대규모 프로젝트와 관련된 모든 작은 프로젝트와는 어떻게 연결해야 하나?**

📁 나는 '마이크로 프로젝트'를 강력하게 옹호하지만 물론 우리 삶에는 '마이크로'라는 정의에 들어맞지 않는 노력이 있다. 우리가 쓰고 싶은 책이 있고, 만들고 싶은 제품이 있고, 시작하고 싶은 사업이 있고, 성장시키고 싶은 가족이 있다. 이 책에 있는 어떤 내용도 그런 고귀한 목표에 착수하려는 당신의 의욕을 꺾는 것으로 해석돼서는 안 된다. 그런 일들은 삶을 신나게 만드는 것들 중 큰 부분에 해당하기 때문이다.

하지만 코칭을 하면서 나는 사람들이 겨우 첫발자국을 내딛는 데 필요한 실제 세부사항에 대해 생각하기를 피하는 방법으로 종종 '크고 위험성이 높은 대담한 목표'를 설정한다는 사실을 알아차렸다. 오늘의 구체적인 문제에 직면하는 것보다 먼 미래를 꿈꾸는 편이 훨씬 더 쉽다. 알 수 없는 방법에 의해 미래는 모든 것이 달라지고 더 좋아지는, 일종의 신비한 요정의 나라가 된다.

PARA는 그렇게 멀리 떨어져 있는 시간의 지평선을 현재로 끌어오도록 설계됐다. 그리고 그렇게 함으로써 당신이 자신에게 지금 현실에 대한 진실을 말하도록 해준다. 당신이 구상하거나 상상하는 어떤 미래는 현재로부터 일어나야만 한다. 어떻게 하면 현재 상황이 당신에게 말해주려고 노력하는 것에 귀를 기울일 수 있을까?

책을 쓰고 싶다면, 당신이 긴 형식의 글쓰기를 좋아하는지 판단하기 위해 착수할 수 있는 작은 프로젝트는 무엇일까? 제품을 만들고 싶다면, 그 제품이 현실의 문제를 해결할 수 있을지 보기 위해 주말 동안 만들 수 있는 프로토타입 버전은 무엇일까? 사업을 시작하고 싶다면, 그 일에 수개월을 보내기 전에 사람들이 당신이 제공하는 상품에 기꺼이 돈을 지불하고 싶어 할지 알기 위해 딱 3명의 고객과 함께 일해 볼 수 있을까? 그리고 가족에게 헌신하고 싶다면 다음 주에 당신이 할 수 있으면서, 집에서의 삶을 더 편하고, 건강하고, 평화롭게 만들어줄 한 가지 프로젝트는 무엇일까?

거기서 시작하라. 일단 최초의 마이크로 프로젝트가 완료되면, 다음 프로젝트가 무엇이 돼야 할지 결정하기 위한 정보를 훨씬 더 많이 가지게 될 것이다.

**18. PARA에 들어가서는 안 되는 것은 무엇인가? PARA가 작동하지 않는 극단적인 케이스는 무엇인가?**

■ PARA는 보편적으로 접근이 가능한 유용한 시스템으로 설계됐지만, 디지털 정보를 정리하는 유일한 방법은 분명 아니다. PARA가 합리적인 방법이 될 수 없는 주된 경우는 대상 정보가 특정한 방식으로 저장하고 접근해야 하는, 고도로 특화되고 민감한 유형인 경우이다.

예를 들어, 환자에 대한 소견을 작성하는 의사라면 특별히 설계된 소프트웨어 프로그램을 사용하고 싶을 것이다. 텅 빈 문서에 환자에 대한 소견을 저장할 수도 있지만, 아마도 매번 기록해야 하는 필수 항목이 있는 것은 물론, 따라야 할 프라이버시와 규제 측면의 제한이 있을 것이다.

핵물리학 연구 프로젝트 관련 메모를 작성하는 과학자라면, 그 일을 위해 특별히 설계된 인터페이스를 사용하고 싶을 것이다. 버그를 문서화하는 소프트웨어 개발자라면, 텅 빈 문서를 이용하는 것보다 효율을 훨씬 높여줄 소프트웨어가 있을 가능성이 있다.

달리 말해 당신의 직업이 정밀한 업무 흐름을 따를 것을 요구한다면, 그 일을 위해 특화된 프로그램을 이용할 가치가 있다. PARA는 그 나머지의 모든 경우를 위한 시스템이다. 예측 불가능한 세상에서 성인으로서 우리가 관리해야 하는, 수정 가능하고 때로는 애

매모호한 모든 프로젝트와 책임을 위한 것이다.

### 19. 물리적 대상에도 PARA를 이용하기 위한 요령이 있는가?

📁 이 책은 디지털 정보에 초점을 맞추고 있지만, PARA는 당연히 물리적인 공간을 정리하는 데도 사용될 수 있다. 같은 원칙, 즉 가장 실행 가능하고 관련성 높은 것이 가장 눈에 잘 보여야 하고 쉽게 접근할 수 있어야 한다는 원칙이 여기서도 적용된다. 어떤 면에서는 우리가 이미 활용하고 있는 방법이기도 하다.

예를 들어서 계절이 바뀌면서 무엇을 손닿는 곳에 가깝게 둘 필요가 있는지에 따라 옷들의 위치를 바꾸고 싶을 수 있다. 코트의 경우 겨울에는 복도 옷장에 넣을 수 있지만 여름에는 다락방 창고에 넣어둘 수도 있다.

내 아내는 주방 팬트리를 정리할 때 PARA를 이용한다. 파티를 열 때 사용하는 손님 접대용 큰 접시는 맨 위쪽에 올려두는 반면, 매일 쓰는 조미료와 아이들을 위한 간식은 쉽게 꺼낼 수 있도록 가운데 선반에 둔다. 어떤 것이 어디 놓여 있는지 물어보면 그녀는 종종 다른 방에서 이렇게 소리 지를 것이다. "자원 파트에 있어요!"

심지어 나는 종이 파일 폴더를 PARA에 따라 정리하는 경우도 봤다. 자주 이용하는 파일은 손닿는 곳의 가까운 서랍에 넣어야 하는 반면, 오래된 세금 기록은 차고나 지하실에 보관할 수 있다. 일

단 이 원칙이 작동하는 것을 본다면, 사용하는 것들을 더 찾기 쉽게 만들기 위해 우리가 취하는 일상적인 작은 행동들을 통해 세상의 많은 부분이 이런 식으로 자연스럽게 정리된다는 사실을 알아차리게 될 것이다.

**20. PARA를 통해 얻을 수 있는 이점을 더욱 확대할 수 있을까?**

📁 PARA 방식이 내가 '세컨드 브레인'이라고 부르는, 더 광범위한 시스템의 일부에 불과하다는 사실을 알고 있는가? 세컨드 브레인은 당신이 소비하는 정보를 창의적인 결과물과 구체적인 결과로 일관되게 바꿔주는 검증된 시스템이다. 이 시스템은 정보를 정리하는 일을 넘어서서 자신을 표현하고 원하는 삶을 창조하는 데 이를 활용하기 시작하도록 도와줄 것이다. 보다 자세한 내용을 원한다면 나의 책《세컨드 브레인》이 든든한 도우미가 될 것이다.

# 세컨드 브레인 부스트

2024년 3월 27일 초판 1쇄 발행

**지은이** 티아고 포르테  **옮긴이** 이희령
**펴낸이** 박시형, 최세현

**책임편집** 강소라  **디자인** 정아연
**마케팅** 권금숙, 양근모, 양봉호, 이도경  **온라인홍보팀** 현나래, 신하은, 최혜빈
**디지털콘텐츠** 최은정  **해외기획** 우정민, 배혜림
**경영지원** 홍성택, 강신우, 이윤재  **제작** 이진영
**펴낸곳** (주)쌤앤파커스  **출판신고** 2006년 9월 25일 제406-2006-000210호
**주소** 서울시 마포구 월드컵북로 396 누리꿈스퀘어 비즈니스타워 18층
**전화** 02-6712-9800  **팩스** 02-6712-9810  **이메일** info@smpk.kr

쌤앤파커스(Sam&Parkers)는 독자 여러분의 책에 관한 아이디어와 원고 투고를 설레는 마음으로 기다리고 있습니다. 책으로 엮기를 원하는 아이디어가 있으신 분은 이메일 book@smpk.kr로 간단한 개요와 취지, 연락처 등을 보내주세요. 머뭇거리지 말고 문을 두드리세요. 길이 열립니다.